Elli

José Carreras
Singen mit der Seele

JOSÉ CARRERAS

SINGEN MIT DER SEELE

VERLEGT BEI KINDLER

Ich danke meinem
Wiener Freund Herbert Hufnagl
für das Zustandekommen
dieses Buches

José Carreras

© Copyright 1989 by Kindler Verlag GmbH, München
Alle Rechte vorbehalten, auch die des teilweisen Abdrucks,
des öffentlichen Vortrags und der Übertragung durch
Rundfunk und Fernsehen.
Fotomechanische Wiedergabe nur mit Genehmigung des Verlages.
Umschlaggestaltung: Graupner & Partner, München
Satzarbeiten: IBV Satz- und Datentechnik GmbH, Berlin
Printed in Germany
ISBN 3-463-40083-9

INHALT

5

Ein Wunsch geht in Erfüllung

21. Juli 1988. Ein wunderbarer Tag – mein Tag.
Heute werde ich wieder singen, heute abend in meinem geliebten Barcelona.
Was hinter mir liegt, ist ein Alptraum. Aber schon seit Wochen fühle ich mich wieder unsagbar gelöst, heiter und völlig unbeschwert. Und zugleich ruhig und voller Optimismus.
Vor einem Jahr war es erst, daß diese grausamste Periode meines Lebens begonnen hatte, aber alles scheint schon ewig lang zurückzuliegen, der Ausbruch der Krankheit, die monatelange Behandlung. Ich habe es überstanden, ich lebe. Viel schöner noch – ich kann wieder singen. Ich bin wieder hundertprozentig ich selbst.
Mein Tag.
Der Tag, auf den ich mich gefreut habe wie auf nichts anderes. Der Tag, an dem ich schöner singen möchte als je zuvor. Der Tag, an dem ich der Opernwelt sagen will: Seht her, ich bin zurückgekommen, ich bin wieder unter euch Lebenden.
Was ich wirklich fühle, vermag ich gar nicht zu sagen, denn meine neu gewonnene Freude am Leben ist unbeschreiblich. Am liebsten würde ich den ganzen Tag wie ein Verrückter herumspringen, mein Glück laut hinausschreien, allen danken, immer wieder nur danken – der

Wissenschaft, den Ärzten, meiner Familie und – Gott. Denn die Prozedur, die ich durchgemacht habe, bei der man unendlich viel Zeit hat, nachzudenken, diese Prozedur hat dazu geführt, daß die Vorstellung von Gott bei mir größer geworden ist und ich meinem Glauben nähergekommen bin. Es ist offensichtlich so, daß der Glaube, wenn er nicht aus eigener Überzeugung entsteht, nichts wert ist. Man kann sich nicht erst dann an die Heilige Barbara erinnern, wenn es donnert ...

Heute aber ist der Tag, an dem ich vor allem den Menschen, die mir so geholfen haben, danken möchte, ihnen mit meiner Stimme meine Gefühle übermitteln will. Natürlich spielt es eine große Rolle, daß ich mit dem heutigen Benefizkonzert insbesondere der Klinik, in der ich so lange behandelt wurde, helfen kann. Natürlich ist es fein, daß dieses Konzert auch Bestandteil der Feiern zum 100-Jahr-Jubiläum der Weltausstellung in Barcelona ist. Aber in Wirklichkeit motiviert mich nichts so sehr wie die Tatsache, den Leuten sagen zu können: Ich danke euch allen für die große Unterstützung, die ihr mir in den letzten Monaten gewährt habt, und für die Zuneigung, die ihr mir gezeigt habt. Meine Art des Dankes ist die, für euch zu singen, für jeden einzelnen von euch.

Ich überlege, wie es sein wird, wenn ich heute abend die Bühne unter dem »Arc de Triomf« betrete. Ein Freund riet mir schon vor einigen Tagen im Scherz, ein ordentlich starkes Beruhigungsmittel zu schlucken, und ich antwortete ihm: »Mache ich. Du mußt aber so freundlich sein und mich in der Garderobe aufwecken, wenn die Zuschauer gegangen sind.«

Ja, von Emotionen übermannt zu werden – davor fürchte ich mich an meinem großen Tag schon ein wenig. Nicht weil es eine Schande wäre, Gefühl zu zeigen, sondern weil es meine Leistung beeinträchtigen würde. Schließlich kann ich mich nicht gut hinstellen und den Leuten sagen: Tausend Dank, daß ihr gekommen seid. Ihr rührt mich wirklich zu Tränen, es tut mir wahnsinnig leid, aber ich bin so ergriffen, daß ich leider keinen Ton singen kann – ich muß daher wieder gehen. Nein, das darf nicht sein, der Mensch Carreras muß hinter dem Künstler Carreras zurücktreten, sonst gibt es ein Fiasko.

Ich ahne in diesem Augenblick allerdings nicht, wie schwer es mir ein paar Stunden später fallen sollte, professionell-kühl zu bleiben. Vorläufig ist es ein theoretisches Problem, das ich gelöst habe. Einer von vielen Punkten, die am heutigen Tag zu bedenken waren.

Mein Gott, wie habe ich dem Moment der Rückkehr auf die Bühne entgegengezittert.

Ich muß ehrlich zugeben, daß ich zunächst nur ein Ziel hatte: zu überleben. Aber es liegt wohl in der Natur des Menschen, mit dem Erreichten nie zufrieden zu sein. Ende Mai 1988, als mich die Ärzte sozusagen entließen, die Bluttransfusionen eingestellt und sämtliche Medikamente abgesetzt wurden, sagten sie mir: Du kannst jetzt alles machen, du bist wieder in Ordnung.

Ich war natürlich überglücklich, wußte allerdings sehr gut: Ich bin nur kuriert. Jetzt muß ich für mich selber herausfinden, ob ich imstande bin zu singen. Denn soviel war klar: Ein normales, gesundes Leben zu führen, aber nicht singen zu können – das würde für mich bedeuten, nicht hundertprozentig »da« zu sein. Ja schlimmer noch, das würde für mein Leben einen entsetzlichen Verlust bedeuten.

Andererseits war ich felsenfest überzeugt davon, daß

ich – bei aller Tragik – auch in diesem Fall nicht verzweifeln würde. Ich glaube nämlich, daß wir alle so etwas wie einen inneren Reichtum besitzen, daß in uns Fähigkeiten schlummern oder versteckt sind, die wir nur zu entdecken und zu wecken brauchen. Irgend etwas – das war für mich sicher – würde ich finden. Etwas, das mich ausfüllen kann. Bestimmt nicht in dem Maße wie das Singen, aber doch eine Tätigkeit, mit der ich glücklich sein, mit der ich mich als Person verwirklichen könnte.

Die Frage, ob die Stimme noch da ist oder nicht, quälte mich entsprechend. Schon Anfang März 1988, also lange, ehe mir die Ärzte grünes Licht zum Proben gaben, hatte ich es an einem Ort versucht, wo wohl jeder Mensch singt – in der Badewanne. Ich schloß mich im Bad ein, begann mit Stimmübungen und sang dann einige Stücke aus *Manon Lescaut*.

Tags zuvor hatte ich nämlich eine Tonbandkassette der im Mai 1987 mit Kiri Te Kanawa unter der Leitung von Riccardo Chailly aufgenommenen Schallplatte der Puccini-Oper von der Plattenfirma zugeschickt bekommen. Ich übte also, wie ich es schon als Student immer getan hatte: Ich sang parallel zum Plattenspieler. Früher dienten mir dazu die Platten meiner großen Vorbilder, heute sind es eben meine eigenen Aufnahmen. Für mich ist das wie ein Stützkissen, um mich selber zu testen.

Der Badewannen-Test verlief nicht übel, stimmte mich ein wenig optimistisch.

Wer damit gar keine Freude hatte, war Professor Cyril Rozman, der Chef der hämatologischen Abteilung im Hospital Clinico. Als er von meinen Singübungen erfuhr, meinte er, ich solle das Singen vorläufig unterlassen und gefälligst geduldiger sein. Man würde mir schon sagen, wenn es soweit sei.

Ja, und als man es mir erlaubte, war das selbstverständlich mit Einschränkungen verbunden. Ich solle vorsichtig und vor allem langsam beginnen, ja nicht übertreiben.

Mit großer Spannung sah ich meiner ersten Konsultation bei Dr. Heinz Kürsten in Wien entgegen. Kürsten ist eine international anerkannte Kapazität der Laryngologie, bei ihm geben sich nahezu alle Opernsänger dieser Welt die Türklinke in die Hand. Ich kenne ihn schon seit vielen Jahren, und entsprechend groß ist mein Vertrauen in seine ärztliche Kunst und sein Wissen. Er hatte mich auch ein paarmal in Seattle angerufen.

Natürlich hatten wir alle befürchtet, daß der Stimmapparat durch die Chemotherapie und die Bestrahlungen in Mitleidenschaft gezogen sein könnte. Doch alles war in Ordnung, selbst Doktor Kürsten zeigte sich ziemlich überrascht, wie gut ich beieinander war. Er riet mir, trotzdem eher zurückhaltend zu üben, nur mit kleinen Stimmübungen zu beginnen: Morgens eine halbe Stunde, abends eine halbe Stunde. Ich begleitete mich dabei selbst am Klavier und konnte allmählich damit beginnen, an einem Repertoire zu arbeiten, das für meine ersten Auftritte geeignet erschien.

Vor ein paar Tagen ist mein Pianist Vicenzo Scalera in Barcelona eingetroffen. Wir haben täglich an dem Programm für das heutige Konzert gearbeitet – nicht zuviel und nicht zuwenig. Ich bin sehr zufrieden, und ich fühle mich wie früher vor einem Konzert oder einem Opernabend: Ich bin nervös.

Wir Sänger sind ja leider nicht nur von unserem Talent, unserer Musikalität und unserem Können abhängig, sondern auch von der Natur. Immer dieselbe entscheidende Frage: Sind die Stimmbänder, diese paar hauchdünnen Zentimeter, die alles ausmachen, heute in Ordnung? Diese hochempfindlichen Bänder, die so leicht reizbar sind – durch Überbeanspruchung, durch Infektionen, durch Fremdstoffe aller Art. Immer verfolgt uns diese Sorge, und jeder von uns hat für sich und seine Stimme eine bestimmte Methode entwickelt, um gleich nach dem Aufwachen feststellen zu können beziehungsweise zu spüren: Es geht oder es geht nicht.

Heute geht es bei mir. Ich trete hinaus auf die Terrasse unseres Hauses in l'Ametlla del Vallés, im Garten toben meine Kinder Alberto und Julia mit unseren Hunden, Vasco, dem Deutschen Schäfer, und Higgins, einem Setter. Den Namen haben übrigens die Kinder gewählt – Higgins ist eine Figur in der Fernsehserie »Magnum«. (Über einen weiteren Hundezuwachs werde ich später noch berichten.)

Die Kinder. Jemand, der nicht weiß, wie das Leben eines streßgeplagten Opernsängers aussieht, wird vielleicht gar nicht verstehen, wenn ich sage: Jetzt erst habe ich die Erfahrung gemacht, was es heißt, Vater zu sein. Jetzt erst habe ich meine Kinder kennengelernt.

Ein schlechtes Gewissen den Kindern gegenüber hatte ich schon immer. Genaugenommen sah ich sie immer nur außerhalb ihres täglichen Lebensraumes. In Garderoben irgendwelcher Opernhäuser, wenn sie zu Vorstellungen kamen, in Restaurants und auf Flughäfen. Doch nur allzu selten zu Hause. Das beginne ich nun nachzuholen.

Sicher, ich habe Alberto und Julia schon früher für großartige Kinder gehalten, aber ich wußte kaum etwas über ihre Persönlichkeit und praktisch nichts über ihre täglichen Freuden und Sorgen.

Alberto ist jetzt fünfzehn, und ich bekam gar nicht richtig mit, daß er kein Kind mehr ist, sondern eben ein junger Bursch, der schon ein wenig wie ein Erwachsener denkt und handelt. Man kann mit ihm über nahezu alles reden. Was mir aber am besten an ihm gefällt, ist sein köstlicher Humor. Ich schätze humorvolle Menschen außerordentlich und umgebe mich daher sehr gerne mit ihnen. Daß mein Sohn Humor hat, freut mich natürlich doppelt.

In Julia war ich zwar immer schon hoffnungslos verliebt, aber nach diesen paar gemeinsamen Monaten weiß ich endgültig, daß sie das süßeste und zärtlichste Mädchen der Welt ist. Ich glaube, ich wäre fähig, alles zu tun, worum sie mich bittet. Ich gebe zu, daß ich ihr regelrecht verfallen bin.

Die Kinder litten sehr unter meiner Krankheit, obwohl sie nicht über alles informiert waren. Meine Frau Mercedes hatte das ideal geregelt, sie wußte ganz genau, was die Kinder brauchten: Sie machte ihnen zwar den Ernst der Situation begreiflich, aber sie dramatisierte nichts und ließ keine übertriebene Sentimentalität aufkommen. Auch wenn den Kindern gesagt wurde, daß sich eines Tages alles wieder einrenken wird, so muß es doch weh getan haben, wenn sie in der Schule immer wieder gefragt wurden, wie es ihrem Vater gehe, wo er gerade sei, wann er wiederkomme …

Seit ich zu Hause bin, wird die Beziehung zu den Kindern täglich schöner und tiefer. Als ich mit Alberto zum erstenmal nach so langer Zeit wieder ein paar Minuten Tennis spielte, war das für ihn ein ganz besonderes Geschenk. Ich merke unterdessen auch, daß er in gewissen Dingen so sein will wie ich, daß er mich bewundert. Und ehrlich: Welcher Vater wünscht sich das nicht von seinen Kindern? Es macht mich glücklich und zugleich traurig, denn langsam beginne ich zu begreifen, was den Kindern und mir in den letzten Jahren alles entgangen ist.

Gestern, am 20. Juli, feierten wir Julias zehnten Geburtstag. Sie bekam eine Fotokamera, und ich war das meistbegehrte Objekt – bei der Probe für das heutige Konzert fotografierte sie mich aus allen Winkeln. Schade, daß mein Wunsch, das Konzert am 20. Juli zu geben, aus organisatorischen Gründen nicht erfüllt werden konnte. So wird es eben ein verspätetes Geburtstagsgeschenk für meine Tochter sein.

Ich gehe durch den Garten, und wie so oft in den letzten Tagen und Wochen freue ich mich über die banalsten Dinge, über scheinbar belanglose Alltäglichkeiten. Ich beobachte die Vögel, begeistere mich an bunten Schmetterlingen, an der prachtvollen Vegetation ringsum, an den herrlichen Kakteen, die einen Teil des Hauses begrenzen. Ich sauge jedes Geräusch in mich auf. Alles in nie gekannter Intensität zu registrieren und dementsprechend zu genießen – das habe ich jetzt gelernt. Einen Käfer, der mein Bein entlangkrabbelt, den hätte ich früher mit einer Handbewegung verscheucht. Jetzt beobachte ich das Tier minutenlang, wie es seinen Weg sucht, bewegungslos verharrt, scheinbar überlegt, die Richtung ändert und plötzlich davonfliegt.

Es heißt, je älter die Menschen werden, desto größer und offener wird ihr Herz für die Schönheiten, Wunder und Geheimnisse der Natur. Wenn das stimmt, dann bin ich jetzt steinalt ...

Vor ein paar Tagen hatte ich einen hübschen Traum. Ich lehnte an der Reling eines gewaltigen Schiffes, das sich auf offener See befand, und beobachtete die rasch wechselnden Stimmungen eines Sonnenaufgangs. Neben mir stand mein Bruder Alberto und erzählte mir eine Geschichte, die ich leider nicht wiedergeben kann, wie das ja oft bei Träumen der Fall ist. Sie muß jedoch sehr komisch gewesen sein, denn ich lachte Tränen – und wachte auf. Während eines Abendessens erzählte ich von dem Traum, eigentlich aber nur deswegen, weil ich vom eigenen Gelächter geweckt worden war. Doch ein Bekannter von uns, der fanatischer Traumdeuter ist, belehrte mich sogleich: Schiffsträume an sich seien schon ungeheuer positiv, wenn die Fahrt über ein Meer geht, in Richtung einer neuen Küste, eines neuen Ufers. Im chinesischen Weisheitsbuch »I Ging« hieße es nicht umsonst, es sei »gut, das große Wasser zu überqueren«. Noch dazu bei Sonnenaufgang – da sei stärkste Wirkung, ein »tätiger Morgen«, zu erwarten.

Ich habe keine Ahnung, was es damit für eine Bewandtnis hat, aber die Erklärung gefiel mir. Und so betrachtete ich diesen Traum als Symbol für meinen zweiten Lebensbeginn.

Das Konzert heute abend wird mein zweites Debüt, das ist klar. Und ich fühle, daß es viel, viel aufregender wird als das erste, viel bedeutender.

Ich setze mich ins Auto und fahre selbst die vierzig Kilometer von meinem Haus nach Barcelona. Autofahren zählt übrigens zu meinen großen Leidenschaften – die verrücktesten Wünsche habe ich mir diesbezüglich erfüllt. Aber letztendlich standen meine Autos doch immer mehr in der Garage, weil ich sie ja nicht in alle Welt mitnehmen konnte ...

Wie immer vor einem Auftritt bin ich lange vor Beginn da – diesmal gerate ich aber mitten in einen gewaltigen Trubel. Schon Stunden hält der Strom der Besucher an, längst hat die Polizei die angrenzenden Straßen für den

Verkehr gesperrt. Nur mit Mühe kann man meinen von Menschentrauben umlagerten Wagen hinter die Absperrung lotsen. Jemand macht mich auf ein Transparent aufmerksam, das an einem Haus befestigt ist und auf dem in katalanischer Sprache zu lesen ist: »Josep, wir sind glücklich, daß du wieder da bist.« Ein Techniker berichtet mir, daß einige hundert Zuschauer seit nachmittag in glühender Hitze auf das Konzert warten und die besten Stehplätze besetzt haben. Sie sind mit Sonnenschirmen angerückt, haben Getränke und Verpflegung mitgebracht.

Schon am Vorabend, als wir die Lautsprecheranlage ausprobierten und ich deshalb ein paar Takte singen mußte, gab es viel Applaus von den Anwesenden. Einige Dutzend Anhänger waren erschienen. Ich weiß nicht woher, aber Fans erfahren anscheinend immer alles. Es hatte sich eben herumgesprochen, daß eine »Generalprobe« angesetzt war. Der Wirbel hielt sich aber doch in Grenzen, ich konnte mich wenigstens am Ort des Geschehens in Ruhe fortbewegen.

Die Veranstalter, das Komitee zu den 100-Jahr-Feiern der Weltausstellung, hatten sich wirklich Mühe gegeben. Hinter dem Triumphbogen war der Platz total mit Bretterwänden abgeriegelt worden, unter dem riesigen, 1888 als Eingang ins Weltausstellungsgelände errichteten Bogen hatte man in gut zwei Metern Höhe eine sehr große, über die ganze Breite reichende Bühne errichtet, so daß man auch von weit hinten relativ gute Sicht hatte. Der im Zentrum plazierte Flügel wirkte ganz verloren. Links und rechts, aber auch auf dem Paseo Lluis Companys, die Lautsprechertürme. Außerdem waren im Park insgesamt vier Riesenbildschirme, sogenannte Eidophorwände, installiert. So würden auch jene, die gut dreihundert Meter vom Triumphbogen entfernt stehen sollten, die Geschehnisse auf der hell ausgeleuchteten Bühne genauer und besser verfolgen können.

Mehrere tausend Sessel wurden vor der Bühne aufgestellt. Das waren die Zahlplätze, für Sponsoren und jene Besucher, die mit ihrem Eintrittsgeld die von mir gegründete Leukämie-Stiftung (über die ich später noch mehr erzählen möchte) unterstützen wollten. Es gab auch eine Reihe »Zero«, die erste. Jeder, der dort saß, spendete 250000 Peseten.

Nach der letzten Sesselreihe war eine kleine Barriere angebracht, hinter der die Gratis-Stehplätze begannen. Wir rechneten mit maximal 30000 Besuchern.

Doch schon jetzt, mehr als zwei Stunden vor Beginn des Konzerts, berichtet die Polizei, es würden mehr Leute kommen, als wir je zu träumen gewagt hatten. Der Paseo Lluis Companys ist bereits gesteckt voll, doch aus allen Teilen der Stadt strömen immer noch Menschen in Richtung Triumphbogen.

Die Spannung wird nun immer größer. Vor der behelfsmäßigen Garderobe sind indessen viele Freunde und Bekannte eingetroffen, die mir alles Gute für den Abend wünschen wollen – und ich bin glücklich über die Ablenkung. Plötzlich taucht mein Kollege und Freund Jaime Aragall auf, Agnes Baltsa ist gekommen und natürlich Montserrat Caballé. Sie war lange vorher in Madrid eine Verpflichtung für den heutigen Tag eingegangen. Nun hatte sie die Veranstalter um Verständnis gebeten – sie will unbedingt bei mir sein, wenn ich meine Rückkehr auf die Bühne feiere ...

Vor dem Ausbruch der Leukämie

Ich habe lange darüber nachgedacht, ob ich in diesem Buch überhaupt über meine Krankheit sprechen soll. Natürlich ist mir klar, daß jemand, der im öffentlichen Leben steht – und das ist bei einem Opernsänger schließlich der Fall –, in bestimmten Bereichen das Recht auf die Wahrung seiner Privatsphäre verloren hat. Verloren ist vielleicht ein wenig zu hart gesagt, aber Einschränkungen gibt es jedenfalls. Krankheit ist sicher ein Grenzfall: Wenn man als Opernsänger für relativ lange Zeit dem Publikum gewissermaßen entzogen wird, dann will dieses Publikum wissen, warum das so ist.

Oft wurde ich gefragt, warum meine Ärzte und meine Familie so lange Zeit eisern verschwiegen, daß ich an Leukämie erkrankt war. Offiziell war ja immer nur von einer »akuten Veränderung der Blutzusammensetzung« die Rede.

Es war dies mein ausdrücklicher Wunsch, denn ich wollte nicht das Mitleid der Öffentlichkeit und schon gar nicht das meiner Anhänger und Freunde. Ich hatte mir das so einfach vorgestellt: die Leute erfahren, der Tenor José Carreras ist erkrankt, irgendwann wird er schon wieder gesund werden und wieder singen. Im Moment ist zwar alles sehr bedauerlich, aber wir müssen trotzdem zur Tagesordnung übergehen. Punkt, Schluß.

Das war leider eine äußerst naive Vorstellung, denn viele Journalisten, besonders jene der Regenbogenpresse, lassen sich mit solchen Erklärungen nicht abspeisen. Sie begannen zu recherchieren und, wenn das nichts brachte, zu kombinieren. Auch die ungeheuerlichsten Gerüchte – beleidigend und kränkend – wurden in Umlauf gesetzt. Eine Agentur brachte irgendwie in Erfahrung, welche Medikamente mir in Barcelona verabreicht wurden. Mit diesem Wissen konsultierten die Journalisten einen Hämatologen in Madrid, und der stellte daraufhin eine Ferndiagnose, die dann veröffentlicht wurde ...

Ich wußte zum Beispiel auch, daß im Hospital Clinico einige Leukämiekranke lagen, die – im Gegensatz zu mir – nicht ahnten, woran sie erkrankt waren. In manchen Fällen waren es auch die Angehörigen, die aus bestimmten Gründen von den Ärzten nicht über die Krankheit ihres Vaters, ihrer Schwester oder eines Onkels informiert worden waren. Diese Leute konnten dann am Abend im Fernsehen hören, was mit dem an Leukämie erkrankten Opernstar Carreras gerade geschieht, womit er behandelt wird etc. Es dürfte für die Betroffenen kein Kunststück gewesen sein, an diesen Informationen auf der Stelle zu erkennen, was mit ihnen beziehungsweise ihren Verwandten oder Freunden wirklich los ist. Hier verabreichte das elektronische Medium Schocks, die nicht notwendig gewesen wären.

Am tollsten trieben es aber die Fotografen. Sie ließen nichts unversucht, um mich im Spital zu fotografieren. Einige kletterten auf Bäume im Hof der Klinik und hofften, daß man mich irgendwann an einem Fenster vorbeiführen würde. Drei von ihnen wurden dabei ertappt, als sie in weißen Kitteln, als Ärzte verkleidet, bis zu meinem Krankenbett vorzudringen versuchten. Und einer von ihnen gab zu, daß ihm eine Zeitung zwei Millionen Pesetas für ein Bild »Carreras im Bett« geboten hatte. Als ich wegen einer Zahnoperation für zwei Tage in eine andere Klinik gebracht wurde, bekamen einige Reporter Wind davon. Sie lauerten am Eingang und schossen dann ein Bild, das mich mit Mundschutz zeigte. Es tauchte in allen Zeitungen, Illustrierten und Magazinen auf – mit teils blödsinnigen Kommentaren. In Wahrheit trug ich den Mundschutz nur wegen meiner stark geschwollenen Backe ...

Doch zurück zu meinen Überlegungen hinsichtlich der Erwähnung der Krankheit in diesem Buch: Die entsetzlich langen Monate in den Kliniken brachten auch etwas Wunderschönes mit sich. Leute, die mit der Oper überhaupt nicht verbunden sind, die nur irgendwo gelesen oder gehört hatten, was mit mir los ist, die schrieben mir zu Tausenden Briefe mit aufmunternden Worten, eigenen Gedichten, schickten mir kleine Geschenke, viele davon selbstgebastelt. Einfach unglaublich. Diese Menschen, ihr Respekt und ihre Zuneigung mir gegenüber – das hat mich in einer Weise berührt und beeindruckt, die ich nicht in Worte fassen kann. Ich merkte plötzlich, da geht es gar nicht mehr darum, einen berühmten Sänger zu verehren. Nein, ich spürte, daß da mehr die Liebe zu einem Menschen durchkam als die Bewunderung für einen Star. Mir hat das ungeheure Kraft gegeben, besonders in den schwersten Augenblicken meines harten Kampfes gegen die Krankheit.

Später bin ich dann zu dem Schluß gekommen: Wenn das für mich eine so große Hilfe war, vielleicht kann ich meinerseits auch anderen helfen, wenn ich hier erzähle, was ich in diesem einen Jahr erlebt habe. Vom ersten Tag an. Und wenn es nur ein einziger Mensch ist, der durch die Lektüre meines Schicksals wieder Mut und Zuversicht schöpfen kann, dann hätte es sich schon ausgezahlt.

Begonnen hatten die Schwierigkeiten eigentlich schon im Frühsommer 1987. Ich fühlte mich ziemlich zerschlagen und dementsprechend lustlos, führte aber meinen Zustand – vor allem die andauernde Müdigkeit – auf Streß zurück. Ich hatte im Mai viel und intensiv gearbeitet – trotz einer erzwungenen Bühnenpause, zu der mich eine Beinverletzung gezwungen hatte. Ich nutzte die Zeit für Plattenaufnahmen. Deswegen sollte auch mein Auftritt als Canio im *Bajazzo* am 29. April in der Mailänder Scala mein letzter Opernabend für lange, lange Zeit bleiben.

Im Juni war dann etwas weniger zu tun. Ich verbrachte mehrere Tage in Wien, um an diesem Buch zu arbeiten. Einmal einer ganz anderen Beschäftigung nachzugehen, das gefiel mir trotz allem. In den Monaten Juli und August wollte ich mich erholen, so gut es eben ging. Denn für diese Zeit, bis in den September hinein, waren die Dreharbeiten für einen neuen *Bohème*-Film mit dem italienischen Regisseur Luigi Comencini terminiert. Nur ein paar Auftritte – darunter *Carmen* mit Agnes Baltsa in Ravenna – waren daneben noch eingeplant. Filmen ist zwar auch anstrengend, aber doch in anderer Beziehung. Es gibt lange Pausen, man sitzt herum und wartet. Das, so hatte ich mir vorgestellt, würde ideal sein, um an dem Buch weiterzuarbeiten. Doch dann kam eben alles ganz anders.

Am 5. Juli fand – ohne daß ich es ahnen konnte – mein

letzter Auftritt für mehr als ein Jahr statt, ein Konzert in San Sebastian. Noch in der Nacht reiste ich per Privatjet nach Paris – eine andere Möglichkeit fand ich gar nicht, denn um sechs Uhr früh mußte ich für den Beginn der Filmaufnahmen zur Stelle sein.

Die ersten Tage ging es ganz gut, doch dann machte mir ein Zahn zu schaffen, der ein paar Wochen vorher implantiert worden war. Ich ging zu einem Arzt, und der verschrieb mir Antibiotika – eine Zahnfleischentzündung, so schien es. Ich nahm also die Medikamente, doch die nützten absolut nichts. Im Gegenteil, ich fühlte mich immer schlechter.

Am Montag, dem 13. Juli, ließ ich mich bei Regisseur Comencini entschuldigen – an Filmaufnahmen war in meinem Zustand nicht zu denken. Ich begab mich über Vermittlung einer Bekannten ins Amerikanische Spital von Paris, weil ich endlich Klarheit haben wollte, was mit mir los ist.

Nach EKG, Blutabnahme und was eben sonst noch für einen totalen Checkup nötig ist, verließ ich das Spital für einige Stunden – am späten Nachmittag, so war mir mitgeteilt worden, würden die Ergebnisse vorliegen. Ja, und als ich zurückkam, da meinte der Arzt, der mich am Vormittag untersucht hatte, ich müßte im Spital bleiben. Man wolle eine genaue, noch gründlichere Untersuchung vornehmen. Mein Stand der Blutplättchen sei nicht in Ordnung, sei zu niedrig, dies hänge möglicherweise mit den mir verabreichten Medikamenten zusammen. Näher mochte sich der Arzt nicht äußern. Erst später erfuhr ich, daß zu diesem Zeitpunkt die bei mir registrierten Blutplättchen fast neunzig Prozent unter denen eines normalen, gesunden Menschen lagen.

Am darauffolgenden Tag – Paris und ganz Frankreich

begingen ausgelassen wie immer den Nationalfeiertag –
wurde mir erstmals bewußt, daß es sich offenbar um
eine ernstere Erkrankung handelte. Professor Jean Bernard, einer der bekanntesten Hämatologen der Welt, vi-
sitierte mich höchstpersönlich. Und ich dachte mir:
Wenn so eine Kapazität an einem Feiertag um zehn Uhr
morgens zu dir kommt, dann muß das schon einen besonderen Grund haben, da muß etwas mit dir nicht
stimmen.

Der Professor erläuterte mir aber zunächst lediglich,
was man mit mir vorhabe. Unter anderem wolle man
eine Knochenmarkprobe entnehmen, um alles genau
untersuchen zu können.

Die Mitteilung war wie ein Schock für mich. Denn ich
erinnerte mich, was mehr als zwanzig Jahre zuvor zu
Hause in Barcelona passiert war: Nach einem solchen
Knochenmarktest bei meiner Mutter hatten die Ärzte
Krebs im letzten Stadium diagnostiziert.

Nach all dem, was ich nun schon wußte, erhärtete sich
mein Verdacht, an Leukämie erkrankt zu sein, immer
mehr. Ich fragte einen Hämatologen in der Klinik ganz
direkt, ob das so sei. Und der Arzt meinte, es könne nicht
ausgeschlossen werden. Da war es für mich Gewißheit,
denn er hätte andernfalls – um mich nicht unnötig zu
beunruhigen – wohl keineswegs so geantwortet.

Mein Bruder Alberto, der sofort nach meiner Einlieferung ins Krankenhaus nach Paris gereist war, befand
sich an meiner Seite, als Professor Bernard am 16. Juli
in mein Zimmer kam, um mir die Wahrheit offiziell
mitzuteilen: »Wir haben die Befunde. Ich muß Ihnen
leider sagen, daß Sie Leukämie haben.«

Seltsam, obwohl ich sicher wußte, was er mir offenbaren
würde, traf mich der Satz wie ein Keulenschlag. Man

hofft eben doch bis zur letzten Sekunde. Aber zugleich –
und das ist eine dieser faszinierenden Facetten am
Menschen – beginnt eine andere, neue Hoffnung zu
keimen: Vielleicht überstehe ich es.

In diesem Moment sagte der Professor zu mir: »Machen
Sie sich keine übertriebenen Sorgen – wir werden Sie
kurieren. Leukämie ist heutzutage nicht mehr so
schlimm. Es gibt eine ganze Reihe von Möglichkeiten,
die Krankheit zu besiegen. Kämpfen Sie, und Sie werden durchkommen.«

Mein Bruder stand schweigend neben mir. Aber ich
weiß, er hätte – wäre so etwas möglich – auf der Stelle
mit mir getauscht, sich statt mir ins Bett gelegt, um über
sich ergehen zu lassen, was immer mir noch bevorste-
hen würde. Ich erwähne das, weil es symptomatisch ist
für die Beziehungen innerhalb unserer Familie. Die Eltern haben uns ganz in diesem Sinn erzogen: Jeder ist
für jeden da. Das Leben der Schwester oder des Bruders
ist wie das eigene Leben. Meine Frau, meine Schwägerin und mein Schwager schlossen sich da automatisch
an. In den folgenden Monaten sollte sich dieses Zusam-
mengehörigkeitsgefühl zwischen den Geschwistern auf
unglaubliche Art und Weise zeigen.

Zwischen meinem um neun Jahre älteren Bruder Alberto und mir bestand immer schon eine außergewöhnlich starke Beziehung. Wir durchwachten an jenem 16.
Juli eine Nacht – die schlimmste unseres Lebens. Es waren Stunden der Wahrheit. Wir sagten uns viele Dinge,
von denen wir wußten, daß sie vorhanden waren. Aber
da es nicht notwendig war, darüber zu reden, hatten wir
nie darüber geredet. Wir sprachen natürlich über die
nahe Zukunft. Alberto gab das Versprechen, mir alles zu
sagen, was die Ärzte über die Krankheit berichten wür-

den. Nicht mehr und nicht weniger. Ich wollte keine Lügen zu meinem Schutz, das wäre das ärgste, was man mir hätte antun können. Ich glaube, man muß genau wissen, was man hat, um dagegen wirksam kämpfen zu können. Und ich war von der ersten Stunde an überzeugt davon, stark genug zu sein, alles auszuhalten.

Dann sagte ich ihm noch etwas sehr Wichtiges: Ich bin bereit, durch die Hölle jeder Behandlung zu gehen, wenn es sein muß. Aber ich wünsche und erlaube nicht, daß an mir herumexperimentiert wird. Oder daß die Ärzte irgend etwas unternehmen, um mich künstlich am Leben zu erhalten, mit Hilfe von Maschinen oder sonstigen Einrichtungen. Der Gedanke, irgendwo an einem Apparat zu hängen und nur dahinzudämmern, erfüllte mich mit Schrecken und Entsetzen. Alberto versprach, meine Wünsche zu respektieren.

Ich hatte sie ja nur für den Fall der Fälle geäußert, denn innerlich war ich vom ersten Augenblick an voller Vertrauen in die Wissenschaft und in die Kunst der Ärzte. Ich war fest entschlossen, den Kampf nicht nur aufzunehmen, sondern ihn möglichst schnell hinter mich zu bringen. Ich war von Anfang an voller Optimismus und sagte zu mir selbst: Wenn es von hundert Leukämiekranken einer schafft durchzukommen, zu überleben, dann werde eben ich dieser eine sein. Das redete ich mir nicht ein. Das glaubte ich.

Meine Familie war natürlich in größter Sorge und in puncto Leukämie besonders sensibilisiert: Die Cousine meiner Schwägerin Marisa war drei Jahre vorher an Leukämie gestorben. Sie war so alt wie ich, Ärztin im Hospital Clinico und ist einige Zeit sogar mit mir in die Schule gegangen. Die Ärzte hatten galoppierende Leukämie diagnostiziert – zu spät für jeden Rettungsversuch.

Behandlung in Barcelona

Am 18. Juli 1987, einem Samstag, wurde ich in einem österreichischen, aus Innsbruck herbeigeholten Sanitätsjet nach Hause geflogen. Alberto begleitete mich – er war in den vorangegangenen Tagen nicht eine Sekunde von meiner Seite gewichen. Nur kurz hatten wir überlegt, ob ich mich der Leukämiebehandlung in Paris unterziehen sollte, doch dann entschieden wir uns für Barcelona.

Erstens weil Professor Cyril Rozman vom Hospital Clinico zu den führenden Hämatologen der Welt zählt, zweitens weil mir die Familie in der Heimat naturgemäß besser helfen und beistehen konnte.

Bereits am darauffolgenden Montag begann die Chemotherapie.

Es ging mir schlechter, als ich selber ahnte, denn die Krankheit war so weit fortgeschritten, daß mein Immunsystem praktisch nicht mehr funktionierte. Und so geschah prompt, was die Ärzte befürchtet hatten: Ich bekam eine Lungenentzündung mit hohem Fieber – es bestand höchste Lebensgefahr. Nur mit schweren Medikamenten gelang es, das Fieber niederzukämpfen, mich fürs erste zu retten. Längst lag ich in einem keimfreien Raum, durfte keine Besucher empfangen, war von der Außenwelt praktisch total abgeschlossen. Die

geringste Infektion hätte tödliche Folgen haben können.

Die Akute Lymphoblastische Leukämie ist eine Krankheit, die – wenn sie nicht behandelt wird – innerhalb von
Monaten, ja in schlimmen Fällen sogar innerhalb weniger Tage zum Tode führt. Die Krankheit nimmt vom
Knochenmark ihren Ausgang, da dort sämtliche Blutzellen des Menschen gebildet werden. Das Tückische
an Leukämie ist, daß die Krebszellen in einem flüssigen
Medium schwimmen, eben im Blut. Weder die Radiolo-
gen noch die Chirurgen können sie daher dingfest machen. Durch Verabreichung sogenannter Zellgiftpräpa-
rate können allerdings langfristige Besserungen, sogenannte Remissionen, erzielt werden. Der selten eintre-
tende Idealfall ist eine Totalremission. Die Chance auf
Heilung besteht aber meist nur nach einer Transplantation des Knochenmarks.

Aber bis dahin hat der Patient einen dornenreichen
Weg zurückzulegen.

Es ist seltsam, aber ich habe mich während dieser ganzen Zeit nie davor gefürchtet, vielleicht sterben zu müssen. Ich hatte mich zwar mit meinem Schicksal abge-
funden, aber das ist noch lange kein Grund aufzugeben.
Natürlich sind die Gemütszustände äußerst schwan-
kend. An einem Tag fühlt man sich elend, am nächsten
viel besser, dann sogar einmal sehr gut. Wie das eben
bei jedem Menschen ist. Das Entscheidende war das:
Manchmal dachte ich zwar »Ich kann nicht mehr!«, niemals aber »Ich will nicht mehr!«.

Ich erinnerte mich in den ersten Phasen der Behandlung an einen weisen Ausspruch des von mir sehr geschätzten deutschen Philosophen Friedrich Nietzsche,
und dieser Satz sollte mich die nächsten Monate beglei-

ten: Man müsse, so Nietzsche, »die Phantasie des Kranken beruhigen, daß er wenigstens nicht wie bisher mehr von seinen Gedanken über die Krankheit zu leiden hat als von der Krankheit selber«.

Die Phantasie beruhigen, das war es. Sie eingrenzen, eindämmen, ordnen, falls einem das überhaupt möglich ist.

Nur nicht in Selbstmitleid verfallen, nur nicht sich bejammern, nur nicht über das grausame Schicksal weinen.

Wer das tut, ist schon halb verloren.

Natürlich beschäftigt einen zuerst die Frage: Warum gerade ich? Man grübelt und findet eine Antwort: Das ist eben die Lotterie, denn wir alle leben mit dem Risiko. Ich zahle jetzt für das Gute, das mir das Leben gegeben hat, oder für Situationen, in denen ich nichts Gutes getan habe. Aber ist es so? Habe ich wirklich etwas verbrochen, daß ich dafür so bestraft werde?

Doch dann sieht man andere Patienten, dreijährige Kinder oder sogar Babys, die erst ein paar Monate alt sind. Wofür müssen sie bezahlen? Die können doch nichts angestellt haben, sie sind ganz und gar unschuldige winzige Menschen. Wie gut war es mir da vergleichsweise gegangen – ich hatte ja ein halbes Menschenalter ohne ernsthafte gesundheitliche Probleme leben dürfen …

Was mir geholfen hat, war: An das zu denken, was man vielleicht bald nicht mehr hat, was man verlieren könnte. Das gibt Kraft und stärkt den Überlebenswillen. Die Kinder, die Familie, Menschen, die man liebt, der Beruf, die Musik – darum wollte ich kämpfen wie ein Löwe. Das alles muß mir erhalten bleiben, hämmerte ich mir ein, jeden Tag, immer wieder.

In den ersten Tagen im Hospital Clinico war ich allerdings nicht einmal in der Lage, mich durch Lesen abzulenken. Es fehlte mir an der nötigen Konzentration. Im Zimmer stand ein Fernsehapparat samt Videorecorder, auch Tonbänder und Kassetten hatte ich bei mir. Aber zu nichts hatte ich richtig Lust. Ausgenommen vielleicht zum Telefonieren. Ich hatte ein Telefon an meinem Bett und konnte mit Menschen in aller Welt sprechen, selbst aber Gott sei Dank nicht angerufen werden. Da ich immer schon ein leidenschaftlicher Telefonierer war, blieb ich auch jetzt meinem Ruf nichts schuldig.

Was mir beinahe die Fassung raubte, war die enorme Anteilnahme der ganzen Bevölkerung an meinem Geschick. Ich meine selbstverständlich nicht die überall lauernden Journalisten und Fotoreporter, deretwegen Alberto sogar zwei Wächter engagieren mußte, die den Zugang zu meinem Zimmer blockierten. Nein, es war die unglaubliche Zahl von Briefen und Telegrammen aus aller Welt. Die Königliche Familie, Spitzenpolitiker aus vielen Ländern, Freunde, Künstlerkollegen, Theaterdirektoren und Tausende von Opernfreunden gaben mir durch ihren Zuspruch sehr viel Kraft. Marylin Horne, die damals in Barcelona einen Liederabend gab, schickte mir beispielsweise ein derart gigantisches Bukett in die Klinik, daß sämtliche Stationsschwestern eine Woche lang mit Blumen versorgt waren. Oder Grace Bumbry, die mir bei einem Konzert in Wien ein Lied widmete. Unzählige Gesten dieser Art, mögen sie manchmal auch noch so klein gewesen sein, bedeuteten mir sehr, sehr viel.

Mit der Einlieferung ins Hospital Clinico hatte auch für meine Familie eine schwere Zeit begonnen. All die Wochen und Monate war immer jemand in meiner Nähe.

Tag und Nacht. Selbst als ich wegen der Infektionsgefahr völlig steril liegen mußte. Da gab es nur die Möglichkeit, einander durch eine Glastüre zu sehen, Unterhaltung war über ein Telefon möglich. Ich habe schon erwähnt, daß in unserer Familie jeder für jeden zu jeder Zeit da ist. Doch auf so intensive Weise war es eben noch nie notwendig geworden. Obwohl ich allen mehrfach versichert hatte, sie könnten mich ruhig alleine lassen, ich käme schon zurecht, war ich natürlich in Wirklichkeit sehr glücklich, daß ich jederzeit einen Ansprechpartner aus der Familie bei mir hatte.

Es ist für die Angehörigen sehr oft unendlich kompliziert, in der Nähe zu sein, Zeit zu haben. Alle Organisationen rund um den Erdball, die sich bemühen, das Leben der betreuenden Verwandten zu erleichtern, haben daher meinen größten Respekt.

Die erste Chemotherapie dauerte vom 20. Juli bis zum 10. August. Während einem der Körper gewissermaßen mit Gift vollgepumpt wird, fühlt man sich ziemlich elend. Schwächezustände, eigentlich ein dauerndes Gefühl von Übelkeit. Erbrechen, Durchfall. Dazwischen werden immer wieder Knochenmarksproben entnommen und überprüft. Entscheidend für die Erhöhung der Heilungschance ist dabei, ob Remissionen stattfinden, ob sich weitere Krebszellen bilden. Kommen die Krebszellen nach der ersten Chemotherapie wieder zurück, sieht es schlecht für den Patienten aus. In meinem Fall war es glücklicherweise so, daß keine neuen Krebszellen entdeckt wurden. Der entsprechende Befund lag am 12. August vor – auch ein Datum, das ich mir ewig merken werde.

Nach etwa zehn Tagen hatte ich mich von der ersten Chemotherapie so weit erholt, daß ich vorübergehend ins Clinico Quirón übersiedeln konnte. Dort mußte ich mich einer Kieferoperation unterziehen, es ging um jenen Zahn, mit dessen Entzündung scheinbar alles begonnen hatte. Ich blieb zwei Tage in der Klinik, der Fall war recht kompliziert. Außerdem war in meinem Zustand ohnehin jede Operation äußerst gefährlich. Aber alles ging glatt, endlich durfte ich wenigstens für ein paar Tage nach Hause.

In der Zwischenzeit hatte ich längst begonnen, mich über meine Krankheit und die von meinen Ärzten vorgesehene Behandlung genauestens zu informieren. Ich wollte präzise wissen, was weiter passieren wird, womit ich zu rechnen habe.

Und ich gebe ehrlich zu, daß ich mich fürchtete vor dem, was auf mich zukam. Zugleich versuchte ich aber, diese Furcht zu unterdrücken, sie wegzuschieben, indem ich mir oft und oft sagte: Du mußt einfach durch diese Hölle hindurch, es bleibt dir gar nichts anderes übrig. Das ist der Preis dafür, daß es dir hoffentlich bald wieder besser geht. Es ist nichts als eine schreckliche Periode, nachher wird alles wunderbar sein ...

Von »wunderbaren Dingen« war ich meinem Gefühl nach allerdings Lichtjahre entfernt. Da war zunächst einmal die öffentliche Diskussion über mich und meine Krankheit. Gelegentlich hatte ich den Eindruck, da schreibt eine Zeitung Falsches von der anderen ab, wodurch eine neuerliche Entstellung erfolgt, die ihrerseits wieder von jemand anderem weiterverbreitet wird etc. Besonders in Italien, aber auch in Österreich und in der Bundesrepublik Deutschland, erschienen Reportagen, die diesen Titel wirklich nicht verdienen.

Spanische Blätter und Agenturen spekulierten unterdessen mit einer bevorstehenden Implantation von gesundem Knochenmark und wiesen darauf hin, daß dies nur möglich sei, wenn sich ein geeigneter Knochenmarkspender fände. Ausländische Zeitungen übernahmen die Meldungen und, was daraufhin passierte, empfand ich schon wieder als rührend. Es meldeten sich in der Klinik und bei meiner Familie unzählige Menschen aus der ganzen Welt, boten sich als Spender an, wollten mir helfen. Einige erschienen höchstpersönlich bei meinen Ärzten, viele schrieben herzliche Briefe, wollten auf der Stelle nach Barcelona reisen. Eine Radiostation brachte Interviews mit potentiellen Spendern, darunter war auch eine Frau aus Sevilla. Sie interessiere sich zwar nicht für klassische Musik oder Oper, wolle aber Knochenmark spenden, weil es ein Jammer wäre, wenn so ein berühmter Spanier wie Carreras sterben müßte. Ähnliche, offenbar von ganzem Herzen kommende Angebote wurden mir auch brieflich übermittelt.

Einen geeigneten Knochenmarkspender aufzutreiben, das kommt der Suche nach der berühmten Stecknadel in einem Heuhaufen gleich. Voraussetzung für eine Knochenmarktransplantation ist nämlich die Gewebeverträglichkeit zwischen Spender und Empfänger. Garantiert ist diese lediglich bei eineiigen Zwillingen, bei ganz normalen Geschwistern wäre totale Übereinstimmung schon mehr als ein Zufall, bei Eltern ist sie noch seltener anzutreffen. Das größte Problem ist derzeit aber der enorme Zeitaufwand und die damit verbundenen Kosten. Eine Transplantation soll relativ rasch nach Ausbruch der Krankheit durchgeführt werden.

In meinem Fall war bald klar, daß es in der Familie keinen idealen Spender gab. Weder Alberto noch Maria Antonia, weder mein Halbbruder Jordi noch mein Vater kamen in Frage. Die höchsten Übereinstimmungswerte fanden die Ärzte bei meinem Sohn Alberto – neunzig Prozent. Aber selbst das war zuwenig, war wegen der zu erwartenden Reaktion zu gefährlich. So groß die Vorteile einer Transplantation von fremdem, gesundem Knochenmark auch sind, immer droht die Gefahr einer Abstoßung. Viele Menschen haben die Transplantation deshalb nicht überlebt.

Für mich, das stand nun fest, kam nur die Auto-Transplantation in Frage. Auf sie sollte ich in den kommenden Wochen vorbereitet werden.

Vorbereitung auf Seattle

Am 24. August kehrte ich ins Hospital Clinico zurück, um mich zum zweitenmal einer Chemotherapie zu unterziehen. Es war ein regnerischer Tag, der ganz meiner trüben seelischen Verfassung entsprach. Nicht einmal die Tatsache, daß ich meinen Wagen auf der Fahrt in die Klinik selber chauffieren konnte, baute mich auf. Ich wußte ja, was mir bevorstand.

Wie schon im Juli waren die Ärzte mit dem Verlauf der Behandlung äußerst zufrieden, für mich allerdings tauchte nun ein neues psychisches Problem auf: Mir gingen die Haare aus.

Als ich eines Morgens ein Büschel Haare in der Hand hielt, fiel mir natürlich wieder ein, was mir die Ärzte gesagt hatten: Der Haarausfall am ganzen Körper ist eine Begleiterscheinung der Chemotherapie. Ich hatte dieser Mitteilung keine sonderliche Beachtung geschenkt, schließlich war ich viel mehr besorgt, daß ich etwas anderes verlieren könnte, nämlich meine Stimme. Aber dann, als es soweit war, als sich mein Aussehen von Tag zu Tag veränderte, da machte mir das schon sehr zu schaffen.

Es ist weniger die Eitelkeit, die schmerzt. Ein Gefühl von Fremdartigkeit stülpt sich über einen, man kennt sich plötzlich nicht mehr, kommt mit dem eigenen Aussehen nicht mehr zurecht. Wenn das eigene Erscheinungsbild so überfallartig unangenehme Gefühle in einem weckt, dann wird man natürlich traurig, ist deprimiert.

Aber was noch viel schlimmer ist: Aus dem Blick der anderen kann man Schmerz, Zärtlichkeit, Mitleid, Bedauern, manchmal sogar Entsetzen herauslesen. Da möchte man weinen und schreien: Schaut mich nicht so an, was hat es schon für eine Bedeutung, ob ich schön bin oder nicht!

Dieser neue Zustand gibt dir aber seltsamerweise zugleich etwas, und das ist das Faszinierende daran. Eine Art Solidarität mit dem eigenen Körper, und zugleich schöpft man daraus wieder Kraft für den Kampf gegen die Krankheit. Du willst nicht nur wieder gesund werden, du willst auch wieder so aussehen wie früher. Es ist fast wie eine Herausforderung, sich nicht fallenzulassen, sondern sich ganz im Gegenteil zu bemühen, selbst die kleinsten Eitelkeiten wieder zurückzuerobern, sich anzustrengen, daß man wieder attraktiv wird – vor den Augen der anderen, vor allem aber vor sich selbst.

Nach Beendigung der zweiten Chemotherapie war auch endgültig geklärt, daß die Transplantation in den Vereinigten Staaten durchgeführt werden sollte. Und zwar aus mehreren Gründen: Das Fred-Hutchinson-Institut von Seattle gilt als die führende Krebsklinik der Welt. Dort war 1975 die erste derartige Transplantation gewagt worden, seither sind es mehr als 2400 geworden. In Barcelona hätten die nötigen Bestrahlungen in einer anderen Klinik durchgeführt werden müssen, auch die Behandlung des Knochenmarks hätte woanders stattfinden müssen. Professor Rozman meinte außerdem, in Amerika würde es nicht einen solchen Pressewirbel um mich geben wie zu Hause.

Ein Arzt aus Barcelona sollte mich in die Staaten beglei-
ten, Doktor Albert Grañena. Er hatte in Seattle einen
längeren Studienaufenthalt verbracht und die Technik
der Knochenmarktransplantation gelernt, die er später
in Spanien selbst anwandte. Für mich war es eine große
Beruhigung, daß außer meinen Geschwistern auch
Doktor Grañena mitkam.

Am 22. Oktober begann im Hospital Clinico die letzte
vorbereitende Behandlung, eine abermalige Chemotherapie. Am 31. Oktober reiste ich in die USA ab. Einerseits voller Zuversicht, andererseits schweren Herzens, denn am letzten Tag in der Heimat hatte sich noch
etwas Betrübliches ereignet. Ich empfand es zwar nicht
unbedingt als böses Omen, aber es hat mich tief getroffen: Wir mußten unseren geliebten Schäferhund Lido
einschläfern lassen. Die Kinder waren deshalb entsetzlich deprimiert, mir machte zu schaffen, daß ich sie so
zurücklassen mußte.

Eine Trennung für Monate stand bevor, Alberto und Julia ahnten freilich nicht, daß der Abschied von ihrem
Vater im schlimmsten Fall auch der letzte hätte sein
können.

Im »Hutch«

Von Seattle im Bundesstaat Washington hatte ich bisher nicht viel mehr gewußt, als daß dort die Boeings gebaut wurden und daß die Stadt über ein bemerkenswertes Opernhaus verfügt: Seattle ist vor allem wegen seiner Wagnerpflege berühmt und wird deshalb auch gerne das amerikanische Bayreuth genannt. Das Pacific-Northwest-Wagnerfestival ist immerhin das einzige derartige Festspiel, bei dem Wagners *Der Ring des Nibelungen* in einem Sommer alternierend in deutscher und englischer Sprache aufgeführt wurde. Darauf war das Management immer mit Recht stolz. Ich bin in der Oper von Seattle nur einmal aufgetreten – bei einem Liederabend im Jahre 1979.

Vom Fred Hutchinson Cancer Research Center, das in einschlägigen Kreisen kurz »The Hutch« genannt wird, hatte ich wohl irgendwo einmal gehört, aber ich wußte praktisch nichts über dieses imponierende Krebsforschungs- und Behandlungszentrum. Nicht einmal, daß es den Ruf genießt, die beste Leukämieklinik der Welt zu sein.

Bald sollte ich aus eigener Erfahrung wissen, wie hervorragend und individuell die Betreuung durch Ärzte, Schwestern und sonstiges Personal im »Hutch« ist. Zugleich lernte ich aber eine medizinische Welt kennen, die uns Europäern ziemlich fremd ist, ja manchmal ihrer Kaltschnäuzigkeit wegen sogar schockieren kann.

Was ich meine, ist die Direktheit im Kontakt zwischen Arzt und Patient. Wir sind es doch gewohnt, daß die Ärzte viel mit uns sprechen, sich meistens darum bemühen, uns unangenehme Nachrichten möglichst schonend beizubringen oder eine Diagnose erst dann zu stellen, wenn sie von ihrer Richtigkeit überzeugt sind.

Nicht so in Amerika. Wenn da beispielsweise ein Arzt auf einem Röntgenbild etwas Auffälliges entdeckt, dann erklärt er dem Patienten auf der Stelle, was das alles bedeuten kann. Er gibt ihm gleichsam mehrere Möglichkeiten »zur Auswahl«, bevor er nach genauerer Untersuchung schließlich die richtige Diagnose stellt. Das irritiert den Kranken natürlich, macht ihm unnötige Angst. Mir selbst ist das zum Glück nur einmal passiert, aber es hat gereicht: Nachdem ich der Ungewißheit wegen eine schlaflose Nacht verbracht hatte, teilte man mir mit, ich müsse mir keine Sorgen mehr machen, alles sei in Ordnung ...

Geradezu grotesk war allerdings das Ausmaß der von mir geforderten Unterschriften. Jedes Medikament, jede Injektion – alles muß per Unterschrift akzeptiert werden. Es hätte mich zuletzt gar nicht gewundert, wäre auch fürs Gute-Nacht-Sagen eine Bestätigung verlangt worden. Eines Tages meinte ich scherzhaft zu einer Ärztin, es sei einfacher, einen Vertrag mit der Met in New York abzuschließen, als in einem US-Spital ein Zäpfchen zu erhalten. Ich habe Verständnis dafür und sehe auch ein, daß sich die Ärzte absichern oder schützen müssen, wahrscheinlich tun sie es aus gutem Grund. Aber ich empfinde das irgendwie doch auch als Entmenschlichung.

Die Organisation im »Hutch« ist in allen Bereichen perfekt. Es beginnt mit der lückenlosen Information des Patienten über das, was ihm an diagnostischen Untersuchungen und therapeutischen Maßnahmen bevorsteht, welchen Streß er dabei zu bewältigen hat. Hier ist das Vermeiden jeglicher Verharmlosung ein ganz großes Plus, es gibt keine bösen Überraschungen, man kann sich auf alles einstellen.

Die Verwaltung ist sogar bei der Beschaffung von kliniknahen Wohnungen für die Angehörigen der Patienten behilflich. Auch wenn manche Familienmitglieder Tag und Nacht in der Klinik sind – Auswärtige müssen den Nachweis einer gemieteten Wohnung erbringen. Die so zumindest ansatzweise erhaltene familiäre Umgebung weit weg von zu Hause ist besonders für Kinder von größter Bedeutung und hilft ihnen, mit seelischen Problemen besser fertig zu werden. Besonders unter dem Eindruck der vielen leukämiekranken Kinder wuchs in dieser Zeit in mir ein Plan. Ich sagte mir: Solltest du hier jemals lebend herauskommen, mußt du etwas tun. Das Elend rund um mich war der größte Antrieb für die spätere Gründung der Leukämie-Stiftung.

Mein Bruder hatte ein schönes Apartment gemietet, dort sollte sich in den kommenden vier Monaten das Familienleben der Carreras abspielen. Ich selbst war freilich nur gelegentlich dort, für längere Zeit überhaupt erst im Februar. Mein Zimmer in der Klinik hatte einen kleinen Vorraum mit einer Schlafgelegenheit. Wie schon in Barcelona war auch in Seattle in den folgenden Monaten immer jemand von der Familie anwesend, meistens Maria Antonia, meine Schwester. Sie, das stand fest, würde ohne Unterbrechung die ganze Zeit bei mir in Amerika bleiben.

Was mit mir nun geschehen sollte, ist in Stichworten relativ schnell gesagt: Knochenmarkentnahme, Chemotherapie, Bestrahlung, Transplantation.

Was sich so einfach anhört, ist in Wirklichkeit eine gräßliche Tortur. Verbunden mit einer quälenden Ungewißheit: Wird es funktionieren oder nicht?

Da wir keinen geeigneten Knochenmarkspender gefunden hatten, kam für mich, wie schon erwähnt, nur eine »autogene« Transplantation in Frage. Das bedeutet: Zunächst mußte die nötige Menge an Knochenmark entnommen werden.

Am 6. November begann die Prozedur. Unter Oberaufsicht von Klinikchef Doktor D. Thomas (er führte übrigens seinerzeit die allererste Knochenmarktransplantation durch) begannen Doktor Jean Sanders und mein Landsmann Doktor Grañena mit der Operation. Um etwa ein Liter Knochenmark zu »gewinnen«, waren einige hundert Einstiche im Bereich des Beckenkammknochens nötig. Dies geschah unter lokaler Anästhesie, im Moment spürte ich also gar nichts. Schlimm waren allerdings die Folgen: Wochenlang hatte ich starke Schmerzen, ob ich lag oder stand – alles tat weh.

Das Knochenmark, eine blutige, fetthaltige Flüssigkeit, stand nun zur Weiterbehandlung, zur Reinigung von kranken Zellen, zur Verfügung, ehe es vorübergehend eingefroren werden mußte. Ein seltsames Gefühl war das schon, als das Mark abtransportiert wurde: Da tragen sie dein Leben aus dem Operationssaal, dachte ich, ohne dieses Knochenmark bist du verloren.

Die folgenden Tage waren sicher die radikalste und brutalste Phase: In mir wurde, wenn ich das so ausdrükken darf, buchstäblich alles vernichtet. Aggressive Zytostatika, also Zellgifte, hemmen zuerst das Wachstum von Krebszellen im Körper, ehe sie diese Zellen endgültig zerstören. Die verabreichte Dosis geht bis an die Grenzen, erreicht ein Vielfaches jener Werte, die ein Mensch überleben könnte, wenn er sich nicht in einer Klinik unter der Aufsicht von erfahrenen Ärzten befindet. Das blutbildende Knochenmark wird vollständig zerstört.

Die therapeutische Ergänzung dazu sind Bestrahlungen. Da spürt man zwar nichts, die grausam-schmerzhaften Begleiterscheinungen treten erst später auf. An fünf aufeinanderfolgenden Tagen wurde ich dreimal täglich jeweils zwanzig Minuten lang mit Gammastrahlen beschossen.

Für mich war das die härteste Zeit. Ich fühlte mich elend und schwach, konnte mich als Folge der Knochenmarkentnahme kaum bewegen, die ständige Übelkeit war fast unerträglich. Und kaum hatte ich mich nach der Bestrahlung halbwegs gefangen, holten sie mich erneut, um mir wieder eine »doppelte Tschernobyl-Dosis« zu verabreichen.

Die Bestrahlungen muß man in wechselnden Positionen über sich ergehen lassen, es kommt einem vor, als dauerten sie endlos. Ich führte neben der Strahlentherapie noch eine Selbstbehandlung ganz besonderer Art durch: Da es in dem Raum keine Uhr gab, auf der ich die dahinkriechenden Minuten hätte verfolgen können, half ich mir mit der Oper. Leise summend oder manchmal sogar nur in Gedanken repetierte ich Arien – von *La Bohème* bis *Aida*, von *Turandot* bis *La Gioconda*. Schließlich weiß jeder Tenor auswendig, wie viele Minuten »Che gelida manina«, »Celeste Aida«, »Nessun dorma« oder »Cielo e mar« dauern. Nun, diese Zeiten zählte ich zusammen und wußte relativ genau, daß die

Bestrahlungszeit nach der nächsten Arie vorbei sein mußte. Manchmal holten mich die Krankenschwestern schon ab, während ich noch mitten im »Singen« war. Da sie mir nicht eine Sekunde schenkten, muß mich in diesen Fällen wohl ein in breite Tempi verliebter Dirigent begleitet haben ...

Gespannt sah ich der Stunde Null entgegen. »Day Zero« nennen sie im »Hutch« jenen Tag, an dem der Patient das neue Knochenmark beziehungsweise sein eigenes, von Krebszellen befreites zurückbekommt. Am 16. November war es soweit. Unter der Leitung von Doktor Sanders wurde mir mein behandeltes, nun wieder aufgetautes Knochenmark infundiert.

Man hat mir zwar alles genau erklärt, aber begreifen werde ich diese Weisheit der Natur wohl nie: das Knochenmark wird ganz simpel über eine Vene in den Körper zurückbefördert und wandert dann in die leeren Knochenspeicher. Es sucht sich sozusagen selber seinen Weg, alles geht ganz automatisch.

Jetzt kam für mich – wie für jeden Leukämiepatienten in dieser Phase – die Zeit des Hoffens. Wird das Knochenmark arbeiten? Durch die vorangegangenen Behandlungen war ja nicht nur das verbliebene Knochenmark zerstört worden, sondern auch das Immunsystem. Der Patient ist somit der blutbildenden Zellen und der Abwehrkräfte beraubt. Alles dreht sich daher jetzt um die Frage, ob – wie die Ärzte das nennen – das frische Knochenmark »angeht« oder nicht. Es dauert drei bis sechs Wochen, ehe es sich ansiedelt und vermehrt, ehe es die ersten funktionstüchtigen Blutzellen produziert.

Warten und Hoffen, Hoffen und Warten.

Viele Patienten überleben diese kritische Phase nicht, weil sie durch die Ausschaltung des Immunsystems wehrlos gegen Virusinfektionen, bakterielle Infektionen oder Lungenentzündung sind. Zum Schutz gegen solch todbringende Krankheitskeime wurde auch ich in einen »LAF-Room« verlegt. Das sind hochsterile Zimmer, in denen der Kranke hinter einem durchsichtigen Kunststoffvorhang liegt. Aber selbst dort ist es phasenweise nötig, eine Atemschutzmaske zu tragen, denn die winzigste Infektion kann tödliche Folgen haben.

In dem Kunststoffvorhang befinden sich »eingebaute« armlange Handschuhe, mit denen dem Patienten Medikamente oder sonstige Dinge gereicht werden können. Gerade diese Einrichtung ist für Kinder von größter Bedeutung. Denn ihre Eltern können wenigstens auf diesem Weg körperlichen Kontakt mit ihnen aufnehmen. Man muß bedenken, daß die Kranken wochenlang abgeschirmt im Sterilraum liegen. Es wirkt oft Wunder, wenn in solchen Situationen jemand da ist, der dir die Hand hält oder dich streichelt. Ein Wunder ist auch, was wir Menschen alles auszuhalten imstande sind. Ich glaube, daß wir ungeheure Kräfte in uns tragen. Kräfte, die wir erst entdecken und mobilisieren, wenn es nötig ist.

Während ich also wartete, daß mein Knochenmark »angeht«, erhielt ich regelmäßig Infusionen von Blutplättchen. Sie verleihen dem Blut die Fähigkeit zur Gerinnung, wodurch die Gefahr des Verblutens abgewendet wird. Diese und andere Infusionen werden über die »Hickman-Line« transportiert. Eine phantastische Erfindung, die heute schon weltweit in den Spitälern angewendet wird. Wie so vieles stammt die »Hickman-Line« aus dem »Hutch«.

Doktor Robert Hickman entwickelte einen sogenannten zentralen Venenkatheter. Er besteht aus einem dünnen

Schlauch, der durch die Hals- und Schlüsselbeinvene bis in Herznähe vorgeschoben wird. Der Katheter wird vor Beginn der Therapie angelegt – in meinem Fall von Doktor Hickman höchstpersönlich – und bleibt während der gesamten Behandlungszeit liegen, mir wurde er erst im Mai 1988 entfernt. Der Vorteil: Rasch und problemlos gelangen Medikamente, Narkosemittel und Nährlösungen direkt in den Blutkreislauf. Umgekehrt können Blutproben über die »Hickman-Line« genommen werden. Angesichts der Tatsache, daß man mir täglich bis zu sechsmal Blut für Tests abzapfte, wären meine Armvenen ohne diesen Dauerkatheter nach ein paar Wochen wohl völlig zerfetzt gewesen.

Eine andere wichtige Funktion der »Hickman-Line« bestand darin, daß man über sie den Patienten ganz ohne Komplikationen künstlich ernähren konnte. Für mich war das besonders wichtig, denn ich konnte über einen Zeitraum von mehr als drei Monaten nichts essen. Zunächst einmal ist Nahrungsaufnahme ohnehin unmöglich, denn als Folge von Chemotherapie und Bestrahlung treten in Mund und Rachen heftige Pilzinfektionen auf. Hochgradige Entzündung, kleine aufgeplatzte Bläschen verursachen Höllenschmerzen. Alles ist offen und blutig, an Schlucken ist überhaupt nicht zu denken. Nur langsam besserte sich dieser eklige und qualvolle Zustand. Mich beschäftigte in dem Zusammenhang nur ein Gedanke: Was haben Chemotherapie und Bestrahlung für Auswirkungen auf meinen Stimmapparat? Ich wußte, daß eine Antwort auf diese Frage – wenn überhaupt – erst in Monaten da sein würde …

Doch selbst als die Mund- und Racheninfektionen abgeklungen waren, war ich außerstande zu essen. Ich konnte einfach nichts behalten, nicht einmal einen

Schluck Wasser. Immer wieder versuchte ich, wenigstens etwas zu trinken, doch es war aussichtslos. Jeder Schluck hatte sofortiges Erbrechen zur Folge.

So hielt man mich eben über die »Hickman-Line« am Leben. Die hochkonzentrierten Nährlösungen bewirkten selbstverständlich, daß ich bald aussah, als würde man mich mästen.

Die Tage krochen dahin. Sooft es ging, telefonierte ich mit den Kindern und freute mich über ihre Erzählungen. Daneben versuchte ich, die Zeit mit Video und Schallplatten zu verkürzen. Musik kann auch ein wohltuendes Medikament sein, sie hat jedenfalls den wunderbaren Vorteil, von der Realität abzulenken. Mein Favorit war seltsamerweise keine Arie oder etwas anderes aus der Welt der Oper, nein, es war ein Klavierkonzert, das Konzert Nr. 2 in c-Moll von Sergej Rachmaninow. Ich kann beim besten Willen nicht sagen, warum gerade dieses. Aber ich spielte es mir an manchen Tagen stundenlang vor, immer wieder. Meine Angehörigen äußerten sich dazu nicht, vermutlich dachten sie, jetzt schnappt er auch noch über ...

Mein 41. Geburtstag fiel in diese Zeit, und obwohl es eigentlich noch nichts zu feiern gab, war er doch sehr schön. Es war förmlich eine Lawine an Glückwünschen, die mich erreichte. Tausende von Briefen und Karten kamen an, Pakete mit Geschenken und kleinen Aufmerksamkeiten. Später, um die Weihnachtszeit, riß diese Flut nicht ab, ganz im Gegenteil: Dem Personal der Klinik drohte eine Art Post-Kollaps.

Tag für Tag wurden neben einem Weihnachtsbaum zwei riesige Koffer mit Zusendungen abgestellt, die mein Bruder dann übernahm. Wir mußten bei der Post darum bitten, eine Vorsortierung durchführen zu las-

sen. So wurden kompakte »Briefpakete« zusammenge-
stellt, einerseits um Platz zu sparen, andererseits um zu
vermeiden, daß etwas verlorenging. Rund 150 000 Post-
sendungen trafen ein. Die kurioseste kam von einem
spanischen Anhänger, der in Virginia lebt. Nur zwei
Worte standen auf dem Kuvert: »Tenor, Seattle.« Briefe
aus allen Winkeln der Welt erreichten mich, aus Amerika, Mexiko, Taiwan, Neuseeland, Chile, Argentinien,
Japan, Deutschland, Österreich, Italien, ja sogar aus der
UdSSR und natürlich aus Spanien. Fanclubs schrieben
mir, die Krankenschwestern aus dem Hospital Clinico
in Barcelona, wildfremde Leute, ganze Schulklassen
und natürlich viele, viele Künstlerkollegen.

Die Opernwelt reagierte einfach wunderbar. Ich gebe
zu, daß unter den Briefen der Sänger einige waren, die
mich zu Tränen rührten. Die Zuschriften kamen nicht
nur von Kollegen der allerersten Garnitur, sondern auch
von solchen, die nicht im Vordergrund stehen. Unglaublich großzügige Hilfe wurde mir angeboten. Wobei ich ausdrücklich festhalten will, daß sich die Tenöre
in besonders großartiger Weise verhalten haben. Auch
meine angeblich schärfsten Rivalen Luciano Pavarotti
und Plácido Domingo. Luciano sandte mir ein köstli-
ches Telegramm: »Giuseppe, schau, daß Du gesund
wirst, wenn nicht, habe ich keinen Konkurrenten
mehr.« Er rief mich auch mehrmals an und pflegte ein
unbekümmertes »Forza Campione!« in die Muschel zu
rufen. Was Placido betrifft, so kann ich ruhigen Gewis-
sens sagen, daß ich während der langen Monate in den
Kliniken wieder ganz zu ihm zurückgefunden habe.
Nach unserer schon legendären Auseinandersetzung
anläßlich eines Galakonzerts in Wien – es ging um die
Priorität von Auftritten – hatten wir uns längst wieder

versöhnt, aber eine Vertiefung der Beziehung fand erst jetzt statt. Er schrieb mir ein paar sehr schöne Briefe, rief mich öfter an und flog einmal sogar nach Seattle, nur um mich zu besuchen. Er hat mir bewiesen, daß er nicht nur ein großer Künstler ist, sondern auch ein außerordentlicher Mensch.

Und in der Bilanz des Lebens zählt vor allem das, was wir als Menschen getan und geleistet haben. Jedenfalls mehr als das, was wir als Künstler geleistet haben, so wichtig das auch gewesen sein mag.

Die ersten Wochen seit der Transplantation waren vorüber, die Entwicklung verlief zufriedenstellend. Doktor Dean Buckner, der bedeutende Krebsforscher, war vom Ärzteteam in Seattle für mich die wichtigste Person. Er wachte über jeden Schritt meiner Behandlung, klärte mich immer wieder über Gefahren auf und stimmte mich optimistisch, wenn es gerade nötig war. Am 23. Dezember erlaubte mir Buckner, die Klinik für einige Tage zu verlassen, um mit meinen Angehörigen und ein paar Freunden in unserem gemieteten Apartment Weihnachten zu feiern. Natürlich mußte ich zu den täglichen Kontrollen in die Klinik, aber ich durfte wenigstens ein paar Nächte außerhalb verbringen.

Aus Spanien waren wieder etliche Journalistenteams angereist, man wollte mich unbedingt interviewen und fotografieren. Aber ich blieb hart, was hätte ich schon sagen können? Ich war nach wie vor nicht daran interessiert, über meine Krankheit zu sprechen. Außerdem fühlte ich mich begreiflicherweise nicht besonders wohl, hatte absolut keine Lust, Besucher zu empfangen. Die anstrengende Behandlung hatte überdies dazu geführt, daß ich immer sehr schnell erschöpft war. So verbrachten wir wahrhaft »geruhsame« Weihnachten. Ein

bißchen Fernsehen, ein bißchen Plattenhören, ein bißchen sonstige Zerstreuung.

Hinsichtlich meiner Zukunft waren wir jedoch sehr auf-
geräumt und optimistisch. Zum Glück ahnte niemand,
daß mir die schwerste Krise seit der Lungenentzündung
in Barcelona noch bevorstand.

In höchster Lebensgefahr

Ich möchte die mühsamen, aber doch immer von großer
Hoffnung getragenen Monate in den Kliniken von Barcelona und Seattle mit der Reise durch einen Tunnel
vergleichen. Manchmal war mehr Licht in diesem Tunnel, manchmal weniger, manchmal wurde es langsam
heller, dann plötzlich wieder dunkler, manchmal wurde
es fast schwarz. Aber ein bißchen Licht erkannte ich immer, selbst in den schrecklichsten Augenblicken.

Nach Weihnachten 1987 schien es ganz so, als ob ich
diesen langen, nicht enden wollenden Tunnel fürs erste
verlassen hätte. Ende Dezember, die vierzig kritischen
Tage nach der Transplantation waren soeben vorbei, erklärte Doktor Buckner zu unser aller größter Freude:
Alles bestens, es gebe keinerlei Anzeichen für eventuell
vorhandene Leukämiezellen. Die Behandlung ist vorbei, dachte ich aufatmend, jetzt heißt es nur noch warten
und langsam wieder Kräfte sammeln.

Aber dann kam dieser furchtbare Schock, dieser Augenblick, in dem das Licht in meinem Tunnel beinahe er-
losch: Mein »neues« Knochenmark vermehrte sich
plötzlich nicht mehr, es produzierte keine Blutzellen
mehr, hörte auf zu arbeiten. Damit verbunden war
selbstverständlich eine erneute Reduzierung meiner
Abwehrkräfte und was das bedeutete, war mir klar – ich

schwebte ich höchster Gefahr, meine Überlebenschancen waren auf ein Minimum geschrumpft.

Niemand wußte, was die Ursache für diese Verschlechterung der Situation gewesen war. Möglicherweise eine leichte Verkühlung, die ich mir Anfang Januar zugezogen hatte, möglicherweise vertrugen sich irgendwelche Medikamente nicht mit der Knochenmarksbildung. Aber das »warum« war jetzt nicht mehr wichtig. Nun galt es für mich, bei aller Hoffnung auf die Kunst der Ärzte mit meiner Situation psychisch fertig zu werden.

Es darf nicht sein, hämmerte ich mir immer wieder ein. Du hast so viel mitgemacht, hast alles ertragen, was sie von dir verlangt haben, bist durch alle Höllen der Therapie gegangen, hast deine Widerstandskraft durch nichts brechen lassen – es muß dir einfach gelingen, auch diese Krise zu überstehen.

Zugleich überfiel mich aber die grausame Erkenntnis, daß ich selbst nichts beitragen kann, daß mir mein größter Kampfwille nichts nützt, daß ich gleichsam ohnmächtig daliege, unfähig, selbst einzugreifen. Oder stimmte das vielleicht gar nicht? War ich nur dann endgültig verloren, wenn ich mich fallenließ, wenn ich resignierte?

Ich wußte in diesem Moment keine Antwort auf diese Frage, ich wußte nur eines ganz sicher: Freiwillig aufgeben werde ich nie. Und wieder half mir der Gedanke an die Menschen, die ich liebe und die ich daher unter keinen Umständen verlieren wollte.

Von ärztlicher Seite gab es für meinen Zustand beziehungsweise für die Überwindung der lebensbedrohenden Krise nur noch eine Hoffnung: GMCSF.

Hinter diesen fünf Buchstaben verbirgt sich ein Medikament, das von den Krebsforschern in Seattle erst vor etwas mehr als einem Jahr entwickelt worden war. Laienhaft gesagt, ist GMCSF ein Mittel, das das Knochenmark aktiviert. Also etwas, das dem Knochenmark sozusagen den »Anstoß« gibt, sich weiter zu bilden, wieder zu arbeiten, gesunde Blutzellen zu produzieren. Meine Ärzte in Barcelona hatten natürlich davon gehört, daß in Seattle mit diesem neuen Medikament experimentiert wird. Auch das war einer der Gründe, warum wir uns im Sommer für die Behandlung im Hutchinson-Institut entschieden hatten.

Ich weiß, daß es in der Medizin keine Wunder gibt, aber dieses GMCSF war und ist für mich ein Wunder. Ein Geschenk des Himmels und der Wissenschaft zugleich. Sie gaben es mir – und es half. Mein Knochenmark reaktivierte sich …

In diesen Tagen der Ungewißheit gab mir die Familie wieder sehr viel Kraft. Was liebevolle Zuneigung und Aufmunterung bewirken, wie sehr es hilft, wenn außer dem noch so aufopferungsbereiten Klinikpersonal jemand von der Familie da ist, das habe ich in dieser Situation einmal mehr feststellen dürfen. Auch für einen erwachsenen Menschen ist dies wertvollste Unterstützung – erst recht natürlich für Kinder.

Die Ärzte halfen mir mit allen zur Verfügung stehenden Mitteln. Dr. Rozman verabreichte mir laufend telefonisch Optimismus-Injektionen, indem er mir von Barcelona aus Mut zusprach und meinte, ich solle mir keine Sorgen machen. Das tat unendlich gut, genauso wie die Anwesenheit meines Landsmanns Dr. Grañena, der Mitte Januar wieder nach Seattle gekommen war, um mir in der schwersten Zeit nicht nur ärztlichen, sondern auch moralischen Beistand zu leisten. Unglücklicherweise war zum Hauptproblem auch noch ein kleineres, aber dafür höchst unangenehmes hinzugekommen: Drei kleine Geschwülste in der Speiseröhre verursachten ziemlich starke Schmerzen, machten mir das Schlucken zur Tortur.

Schlucken! Es ist für einen gesunden Menschen wahrscheinlich unvorstellbar, was es heißt, über eine so lange Zeit hinweg keine feste und fast gar keine flüssige Nahrung zu sich nehmen zu können. Erstens, weil einem, wie schon erwähnt, während der Chemotherapie und als deren Folge dauernd übel ist und man nichts behalten kann – Magen- und Darmtrakt spielen da nicht mit. Zweitens, weil das Schlucken phasenweise nahezu unerträgliche Schmerzen bereitet.

Ich lernte in diesem Zusammenhang eines der unerklärlichen Phänomene moderner Medizin kennen: Einerseits die perfekt funktionierende Maschinerie mit all ihren Facetten, den faszinierenden Ergebnissen der Forschung und den damit verbundenen unfaßbaren Therapiemöglichkeiten. Dort das Unvermögen, scheinbar einfachste Probleme zu lösen. In meinem Fall hieß es: Die Möglichkeit zu schaffen, wieder normal essen zu können.

Wie es gelöst wurde, klingt eigentlich absurd: Dr. Grañena hatte ein paar Medikamente wie Librax oder Belladenal aus Spanien mitgebracht. Medikamente also, die man seit Jahrzehnten in jeder Apotheke kaufen kann. Und siehe da, sie halfen mir auf der Stelle (was natürlich nicht heißen muß, daß das auch bei anderen Patienten so sein muß).

So kam es, daß ich nach mehr als drei Monaten künstlicher Ernährung endlich wieder selbst essen konnte. Ich kann mich sogar an dieses wichtige Datum erinnern: Es war – zwei Tage nach meiner Entlassung in ambulante

Behandlung – am 4. Februar 1988. Und ich hatte Lust auf – Pastine in Prodo, das ist eine Art Nudelsuppe. Tags darauf beobachtete ich in unserem Apartment, wie mein Sekretär Fritz Krammer (der auch ein fabelhafter Koch ist) Mozarella mit Tomaten und Basilikum zubereitete. Zunächst bildete ich mir ein, auf so etwas keinen rechten Appetit zu haben, aber dann putzte ich alles restlos weg.

Nun begann für mich die erste Phase der Erholung. Spazierengehen, leichte Gymnastik, kleine Ausflüge mit dem Auto oder Motorboot. Ich lernte ein wenig die wunderschöne Landschaft rund um Seattle kennen und war erstaunt, daß hier auf relativ engem Raum vom Urwald bis zum Gletscher, von weitläufigen Weingärten bis zu eindrucksvollen Fischwassern alles zu finden ist. Ein paarmal versuchte ich mich sogar selbst als Lachs-Fischer. (Mit dem Erfolg, daß ich mir meinen Lachs auf dem Markt in Seattle kaufen mußte.) Auch das Wetter hatte ein Einsehen mit mir und strafte eine köstliche Volksweisheit aus dem an der Pazifikküste gelegenen Bundesstaat Lügen: »Es wird Sommer in Washington, wenn der Regen wärmer wird.«

Alles in allem begann mein Weg zurück ins Leben doch recht zaghaft. Ich war ziemlich geschwächt und ermüdete daher relativ rasch. Aber ich registrierte doch Tag für Tag, daß es aufwärts ging. Selbstverständlich mußte ich täglich ins »Hutch« zu den nötigen Tests und Kontrollen. Aber selbst im Apartment war ich unter ständiger Kontrolle. Die Familienmitglieder mußten im Auftrag der Ärzte präzise Reports über mich anfertigen: Was ich tat, wie lange ich schlief, was ich aß, wieviel Kalorien ich zu mir nahm usw.

Die Bildung des Knochenmarks verlief zwar langsam,

aber Gott sei Dank gleichmäßig. Doktor Buckner war zufrieden und meinte, der Zeitplan meiner Heimkehr könnte höchstwahrscheinlich eingehalten werden, und so rückte dieser herrliche Tag in greifbare Nähe.

Mit Hunderten guten Wünschen und der schmeichelhaften Versicherung, ich sei ein äußerst angenehmer Patient gewesen, verließ ich am Abend des 26. Februar mit großer Dankbarkeit »The Hutch« und Seattle. Während der Fahrt zum Flughafen bot sich eine Naturstimmung wie aus einem farbenprächtigen Bilderbuch. Für mich glich sie einem Signal für den Aufbruch in ein neues Leben.

Wir flogen zunächst nonstop London an, von dort ging es mit einer Privatmaschine nach Barcelona weiter. Nach 119 Tagen betrat ich am 27. Februar endlich wieder spanischen Boden.

Wieder daheim in Barcelona

Meine Landsleute bereiteten mir einen schönen und rührenden Empfang. Anhänger entrollten Transparente, auf denen äußerst liebenswürdige Aufschriften zu lesen waren, mit Applaus und aufmunternden Zurufen feierten sie meine Heimkehr, die in den Tageszeitungen angekündigt worden war. Unzählige Journalisten und Fotoreporter umlagerten mich, einige von ihnen waren sogar schon vor Tagen eigens nach Seattle gereist, um mit mir zusammen nach Spanien zurückzufliegen. Jetzt war ich auch bereit, ihren Informationshunger zu stillen und über meinen Zustand Auskunft zu geben. Außerdem konnte ich zumindest in groben Zügen Zukunftspläne schmieden und also auch darüber reden. Am besten geeignet dafür war natürlich eine Pressekonferenz, bei der sich das Hauptinteresse erwartungsgemäß auf die Frage konzentrierte, wann ich wieder singen würde …

Obwohl die Ankunft auf dem Flughafen in Barcelona recht hektisch verlief, weil der Wirbel um meine Person ziemlich groß und dementsprechend anstrengend war, genoß ich jede Minute auf ganz eigene Art. Insgesamt befand ich mich in jenem Zustand, der allgemein mit »Erschöpft, aber glücklich« beschrieben wird. Außerdem stand mir das Schönste an diesem Tag noch bevor:

das Wiedersehen mit Alberto und Julia, meinen geliebten Kindern. Und es war wirklich das Schönste.

Jetzt war ich zu Hause, jetzt begann das Leben von
neuem. Aber es begann auch als ein neues Leben, denn
für mich stand fest: Eines wie bisher würde ich nie wieder führen wollen, dafür war es mir zu kostbar. So ist das
eben: Es bedurfte dieser schrecklichen Krankheit, um
Erkenntnisse zu gewinnen, die eigentlich auf der Hand
liegen, die im Grunde ganz selbstverständlich sind. Die
Menschen nehmen sich nur nicht die Zeit, ein wenig
darüber nachzudenken. Es würde sich lohnen – gewiß!
Selbst wenn der Satz »Man lebt nur einmal« noch so abgedroschen klingt, ich finde ihn sehr, sehr bedenkens-
wert.

Ich wußte, es wird einige Zeit dauern, bis ich mich see-
lisch und geistig wieder gefestigt habe. Bis ich zu einer
normalen Gelassenheit, zu einem normalen Leben, zu
der mir eigenen Heiterkeit zurückfinden würde. Fast
acht Monate im Krankenhaus in Behandlung – das allein verändert einen Menschen schon. Gar nicht zu reden von dem ständigen Auf und Ab, dem Zittern und
Bangen.

Ich bemühte mich einfach, realistisch zu sein, die Dinge
ohne Übertreibung und Euphorie zu sehen. Und diese
Realität war durchaus geeignet, vorsichtigen Optimismus walten zu lassen. Mehr brauchte ich im Moment
gar nicht.

Doch über dem Alltag (der im übrigen noch wochenlang
mit ambulanter Klinikbehandlung verbunden war)
schwebte natürlich das brennende Verlangen, wieder zu
singen. Daran war freilich fürs erste noch nicht zu denken – ich habe es schon eingangs erwähnt, wie vorsichtig und langsam ich an diesen Punkt heranzugehen
hatte.

Ich nützte die Zeit für anderes, wobei ich gestehen muß, daß es mir sehr schwerfällt, nicht aktiv zu sein. Also wurde ich vorübergehend meinem Vorsatz, ein weniger hektisches Leben zu führen, fast untreu. Das brachte mein persönlicher Aufwand und Einsatz für die von mir gegründete Leukämie-Stiftung mit sich. Die Idee dazu hatte ich ja schon lange mit mir herumgetragen.

Ich glaube, man kann auf verschiedene Art und Weise dazu beitragen, jenen bedauernswerten Menschen zu helfen, die an Leukämie erkrankt sind. Beispielsweise durch Zusammenarbeit mit den Krankenhäusern oder durch Hilfe bei der sozialen Betreuung in einzelnen Fällen. Aber das Entscheidende, davon bin ich fest überzeugt, ist die Unterstützung der Wissenschaft, der Forschung.

Eines Tages, davon träume ich, wird diese Stiftung mit anderen gleichartigen in aller Welt kooperieren. Zunächst geht es jedenfalls darum, möglichst viel Geld aufzutreiben, das für die Forschung verwendet wird, aber auch für die bessere technische Ausstattung von Leukämiekliniken. Als erstes Nahziel faßten wir ins Auge, im Hospital Clinico von Barcelona mehrere Hochsteril-Räume einzurichten, ganz nach dem Vorbild von Seattle.

Um die »Internationale José Carreras Stiftung zur Bekämpfung der Leukämie« entsprechend bekannt zu machen, mußte ich etliche Reisen unternehmen, viele Interviews geben, in denen ich versuchte, die Journalisten von der Wichtigkeit meiner Pläne zu überzeugen. In der Hoffnung, daß sie ihre Eindrücke an die Leser weitergeben, widmete ich mich ihnen mit größter Intensität. Dankenswerterweise fand ich auch bei unserem Ministerpräsidenten großartige Unterstützung. Ich suchte Felipe González in Madrid auf, er übernahm das Amt eines Ehrenpräsidenten der Stiftung und sicherte mir jede mögliche Unterstützung zu.

Ich selbst nahm mir vor, mehrere Auftritte pro Jahr mit einer Leukämiestiftungs-Aktion zu koppeln. Wobei es so sein soll, daß ich mir vorbehalte, was mit dem Geld zu geschehen hat. Geplant ist, daß es vor allem auch Einrichtungen zugute kommt, die in der Stadt stationiert sind, in der gerade ein Konzert stattfindet.

Aber noch stand ich vor meinem Comeback, das mußte erst einmal gelingen. Meinen Ehrgeiz hatte ein ergreifend beglückendes Ereignis angestachelt, nur wenige Tage nach meiner Rückkehr aus Seattle.

Im Liceo hatte gerade eine Produktion von Giordanos *Fedora* mit Renata Scotto und Plácido Domingo Premiere gehabt. In die zweite Vorstellung wollte ich gehen, um nach einjähriger Pause wenigstens wieder im Zuschauerraum eines Opernhauses sein zu können, um von dort aus ein bißchen Bühnenluft schnuppern zu können. Es zog mich unwiderstehlich ins Theater, und ich ahnte nicht im entferntesten, welch grandioser Abend mir ganz persönlich bevorstand.

Mein alter Freund, Liceo-Direktor Lluis Andreu, hatte mir eine Loge reserviert, und unbemerkt vom Publikum nahm ich in der Dunkelheit vor Beginn des zweiten Aktes meinen Sitz ein. Es war eine sehr schöne Vorstellung, und ich genoß die unvergleichliche Theateratmosphäre. Endlich wieder einmal. Die erwartungsvolle Stille im Auditorium, der Auftrittsapplaus für den Dirigenten, das Aufgehen des Vorhangs – allein diese Selbstverständlichkeiten waren für mich schon ein Fest.

Hinter der Bühne hatte sich unterdessen herumgesprochen, daß ich im Theater, in »meinem« Liceo, war. Und nach Aktschluß kam es zunächst zu einem köstlichen Mißverständnis: Plácido wollte mich von der Rampe herab begrüßen und mich so dem Publikum präsentieren. Ich wußte das natürlich nicht und hatte längst meine Loge verlassen, um meine Kollegen hinter der Bühne zu beglückwünschen. Und während Plácido im Zuschauerraum nach mir Ausschau hielt, stand ich nur ein paar Schritte von ihm entfernt. Als er wieder hinter den Vorhang trat, sah er mich natürlich – umringt von Renata, meinem Landsmann Vincente Sardinero und anderen Künstlern. Auch Plácido umarmte mich, dann ging er wieder vor den Vorhang und deutete dem Publikum mit einer Geste an, etwas sagen zu wollen. Sogleich wurde es still im Haus, und ich hörte Plácido: »Ich präsentiere Ihnen nun einen großen Freund und einen großen Sohn Spaniens, der in sein Theater und zu seinem Publikum zurückgekehrt ist.«

Ehe ich mich's versah, führten mich die Kollegen auf die Bühnenrampe – doch plötzlich waren sie alle weg, und ich stand alleine da. Welch ein Augenblick! Die Leute im Theater erhoben sich fast gleichzeitig von ihren Sitzen, über mich brach eine Ovation herein, die mich zu Tränen rührte. Ich spürte, dieser Jubel gilt nicht dem Tenor Carreras, sondern er gilt dem Menschen Carreras. Und dieser Jubel wollte nicht enden, plötzlich flogen sogar Blumen auf die Bühne, und mittendrin stand ich: Unfähig, etwas zu tun, unfähig, etwas zu sagen – beinahe zehn Minuten lang.

Auch dafür wirst du dich eines Tages bedanken, dachte ich damals. Mit deiner Stimme. Es muß sein, es wird sein.

Mehr als vier Monate sind seither vergangen. Und heute, am 21. Juli, ist es endlich soweit.

Langsam ist es dunkel geworden, der Triumphbogen erstrahlt im Licht der Scheinwerfer. Ich bin längst umgezogen und voll auf die kommenden Ereignisse konzentriert. Noch eine letzte Besprechung mit Vicenzo – es kann losgehen.

Während wir warten und immer wieder auf die Uhr sehen, hören wir aufbrausenden Applaus und auch Jubel, der langsam näher kommt – Königin Sofia und die sie begleitenden Spitzenpolitiker treffen ein. Die Beifallswogen verraten mir, daß wirklich sehr viele Menschen da sein müssen. Und ich will auch da sein – für jeden einzelnen da draußen.

Ein wunderbarer Tag – mein Tag.

DAS COMEBACK-KONZERT

Es ist ein paar Minuten nach 22 Uhr, als ich mich auf den Weg zum Klavier mache. Carlos Caballé hat mich ein letztes Mal umarmt. Beim Betreten des mehrere Meter langen schrägen Bühnenanstiegs spüre ich, wie mir jemand die Lippen auf die rechte Hand drückt. Es ist der herzensgute Diego Monjo, der frühere Inspizient am Teatro Liceo, meinem Haustheater. Schon diese Geste inniger Verbundenheit macht mir emotionell zu schaffen.

Jetzt erfassen mich bereits die gleißend hellen Scheinwerfer. Bis ich das Klavier erreicht habe, dauert es schätzungsweise fünfundzwanzig Sekunden.

Unglaublich, wieviel einem Menschen in so kurzer Zeit durch den Kopf gehen kann. Jetzt in diesen Augenblikken kommt alles ganz stark über mich, ich kann mich nicht dagegen wehren. Nicht gegen schemenhaft vorüberrasende Bildfetzen von Ereignissen aus meiner bisherigen Karriere, und auch nicht gegen Szenen und Eindrücke aus der schweren jüngsten Zeit. Die Schreckensnachricht vom Ausbruch der Leukämie, die fürchterliche Nacht danach, das Bewußtwerden der Lebensgefahr, das Hoffen, die tristen Zeiten der unmenschlichen Behandlung, die Knochenmarktransplantation, das Zittern, das Warten, die Schmerzen und Leiden, der

Kampf gegen den Tod, das Hoffen, immer wieder das Hoffen.

Abermals kommt es mir unwirklich vor, daß all das erst im letzten Jahr geschehen sein soll und nicht vor einer Ewigkeit. Ich spüre, daß mich meine Füße immer noch in Richtung Klavier tragen. Jetzt brandet mir schon Applaus und Jubel entgegen. Menschen, Menschen, Menschen – soweit mein Auge reicht. Der Park vor dem Triumphbogen scheint überzuquellen, die Leute füllen die angrenzenden Straßen, drängen sich selbst in kleinsten Gäßchen. Mehr als hundertfünfzigtausend sind es, erfahre ich später von der Polizei. Es ist unglaublich, die meisten von ihnen können nur zuhören, haben nicht einmal Sicht auf die Bildwände.

Ich gehe weiter wie in Trance, erreiche endlich den Flügel. Ich weiß, daß jetzt jener schwierige Moment gekommen ist, auf den ich mich im Geist einzustellen versucht habe. Sei kein Idiot, sage ich zu mir, was willst du hier eigentlich? Vor Rührung weinen oder singen? Aber es ist unsagbar schwer – die Woge der Zuneigung schnürt mir die Kehle zu. Zum Glück hilft mir der lange Applaus, langsam beginne ich auch meine Umgebung genauer wahrzunehmen. Ich sehe Königin Sofia in der ersten Reihe sitzen, neben ihr mein Freund, Verteidigungsminister Narcis Serra, der neue Kulturminister Jorge Semprun ist da, Erziehungsminister Javier Solana, ich sehe Jordi Pujol, den Präsidenten von Katalonien, den Bürgermeister von Barcelona, Pasqual Maragall – und dann endlich meine ganze Familie, vor allem die strahlenden Gesichter meiner Kinder.

Langsam wird es ruhiger. Ich überlege, ob ich etwas sagen soll, doch dann beschließe ich, mir das für später aufzuheben. Ich nicke Vicenzo zu, das Konzert beginnt.

»T'estimo«, eine katalanische Bearbeitung von Edvard Griegs »Ich liebe dich«, ist mein erstes Lied, und ich wünsche in dem Moment, daß sich jeder einzelne Zuhörer persönlich angesprochen fühlt. Inniger kann mein Dank an die Menschen, die an mich geglaubt haben, die mit mir gezittert haben, mir geholfen haben, nicht sein. Ich gebe in diesen paar Minuten alles, was ich zu geben habe.

Applaus und Jubel ertönen – ich koste das herrliche Gefühl aus. Applaus ist ein Lebenselixier für uns Künstler, wir benötigen ihn wie die Luft zum Atmen. Heute genieße ich ihn in einer neuen, bisher nicht gekannten Art: Durch die Masse der Besucher, die beträchtliche räumliche Dimension rund um den Triumphbogen dringt er in Wellen zu mir vor, die sich fortpflanzen, bis das letzte Händeklatschen irgendwo in einer Seitengasse endet.

Jetzt fühle ich mich bereits prächtig, bin auch imstande, etwas zu sagen. Ich danke meinen Landsleuten in unserer Muttersprache, auf katalanisch, für ihr Kommen, dann begrüße ich auf spanisch die Königin.

Doña Sofia und König Juan Carlos haben über Monate hinweg rührend Anteil an meiner Krankheit und der Behandlung genommen. Ich erhielt vom Königspaar etliche Telegramme, die in vornehm zurückhaltendem, aber doch immer sehr herzlichem Ton gehalten waren. Ich betrachte es als eine überaus große Ehre, daß die Königin meinetwegen aus Madrid angereist ist, um meine Rückkehr auf die Bühne mitzuerleben.

Auf der bin ich mittlerweile ganz in meinem Element. Endlich wieder. Die Nervosität ist fast weg, ich bin voll auf den Gesang konzentriert. Von Lied zu Lied fühle ich mich sicherer, steigt meine Freude. Ich genieße jeden Ton, jede Phrase und kann in dem Moment nur hoffen, daß es meinen Zuhörern nicht anders ergeht. Die Stimmung ist phantastisch, während der katalanischen Lieder und Zarzuelas ertönt immer wieder Zwischenapplaus, aus allen Richtungen rufen mir einzelne Personen zu, feuern mich an, fast wie auf einem Fußballplatz, rufen »Bravo!« oder einfach meinen Namen.

In einer der kurzen Pausen zwischen den Liedblöcken fragt mich Carlos, was ich zu den unerwartet großen Zuhörermassen sage. Ich bin einfach überwältigt. Aber ich glaube, ich kann erklären, warum es so viele sind.

Das sind erst einmal die Opernliebhaber, jene, die vielleicht schon befürchtet hatten, sie würden meine Stimme nie wieder live hören.

Dann Leute, die es wunderbar finden, daß jemand nach dieser furchtbaren Krankheit und dieser gräßlichen Behandlung wieder singen kann. Dieser Mann hat mit dem Tod gerungen, dafür gekämpft zurückzukommen, es geht also – und jetzt singt er für uns.

Und schließlich die Katalanen, wie ich sie kenne: Sie sind glücklich und dankbar, daß ich mein erstes Konzert in Barcelona gebe, es den Leuten hier gleichsam zum Geschenk mache, ihnen die Gelegenheit biete, mich zu hören, bevor ich anderswo singe. Sie mögen an diesem Tag vielleicht denken, Carreras hat uns etwas versprochen, und jetzt löst er es ein. In etlichen Interviews gab ich das Versprechen: Sollte ich je wieder singen können, wird mein erster Auftritt zu Hause in Barcelona sein.

Jetzt ist es soweit, und ich bin der glücklichste Mensch der Welt. So wie ich das erste Lied des Konzertes sehr bewußt wählte, so tue ich es auch beim letzten. In der Opernliteratur findet sich nahezu für jede Situation ein passendes Lied, ein übertragbares Gleichnis. Und »Nessun dorma« aus Puccinis *Turandot* paßt vor allem seines Schlusses wegen in mein Konzept: »Vinceró«, singt Prinz Kalaf: »Ich werde siegen.« Er sagt das in einem Augenblick, in dem er den Ausgang der Geschichte rund um die Prinzessin Turandot selber nicht mehr beeinflussen kann. Aber er glaubt fest daran. Viel mehr noch: Er ist fest überzeugt, daß sich alles zu seinem Besten wendet. Ich will mit diesem »Vinceró« in diesem Moment zweierlei sagen: Ich habe mich bisher nicht kleinkriegen lassen, und ich werde alles tun, daß sich daran nichts ändert.

Der heutige Abend ist mein zweites Debüt als Sänger, und wie bei meinem ersten ist Montserrat Caballé an meiner Seite: Unter dem Jubel des Publikums betritt sie plötzlich die Bühne, umarmt und küßt mich. Montserrat hat ein aus Hunderten von Rosen gebundenes Herz mitgebracht, das sie mir nun überreicht. Vincenzo läßt mir gar keine Zeit, gerührt zu sein – er greift in die Tasten, und wir singen das Trinklied aus *La Traviata*. Ich animiere die Zuschauer mitzusingen, sie tun es offenbar gerne, allen voran Königin Sofia …

Ein wunderbarer Tag, mein Tag. Das Konzert ist beendet, aber nun geht es erst richtig los: Obwohl die Polizei alles abgesperrt hat und strengste Kontrollen durchführt, ist der Raum innerhalb der Absperrungen plötzlich mit Menschen überfüllt. Jeder will mir gratulieren, wildfremde Menschen fallen mir um den Hals, klopfen mir auf die Schulter, drücken mir die Hände. Reporter strecken mir ihre Mikrofone entgegen, Fernsehscheinwerfer flammen auf, alle reden oder schreien durcheinander. Ein Chaos insgesamt, aber eines, das ich genieße.

Mein Bruder Alberto ist der erste aus unserer Familie, der mich erwischt – es ist in dieser Sekunde nicht notwendig, irgendwelche Worte zu wechseln. Auch meine Schwester Maria Antonia sagt nichts, hält mich nur ganz fest umarmt. Alle sind da, meine Frau Mercedes, Alberto und Julia, mein Vater, mein Halbbruder Jordi, meine Schwägerin Marisa, mein Schwager Ramiro. Julia strahlt übers ganze Gesicht und berichtet stolz, daß sie von der Königin einen Kuß auf die Wange bekommen hat, nachdem sie ihr Blumen überreichen durfte. Und mein Sohn Alberto meint plötzlich lachend, nach dem »Vinceró« dieses Abends müsse unser neuester, dritter Hund eben »Vinceró« heißen (unser Onkel Nino hat das winzige Knäuel von einem Hirtenhund erst heute früh ins Haus gebracht). Irgendwie ist es grotesk, daß wir ausgerechnet in diesen Augenblicken höchsten Glücks über einen Hundenamen diskutieren, aber andererseits ist es wieder ganz typisch. Ich entscheide jedenfalls, der Hund wird »Petit« genannt – wegen seiner Winzigkeit. Allerdings ahne ich in diesem Moment nicht, daß »Petit« rasend schnell wachsen und den Schäfer bald überragen sollte.

Fast eineinhalb Stunden dauert der Wirbel hinter der Bühne, aber so erschöpft kann ich gar nicht sein, daß ich nicht jede Minute auf eine ganz spezifische Art genieße. Unterdessen freue ich mich schon auf das bevorstehende Abschlußfest dieser unvergeßlichen Nacht. Meinem Wunsch, es in ganz kleinem Kreis in meinem Haus mit einem typisch katalanischen Essen zu feiern, würde entsprochen werden, das weiß ich. Schinken mit »Pan tomacat« (so nennen wir getoastetes Weißbrot mit frisch darauf geriebenen Tomaten, ein paar Tropfen Olivenöl und Salz) wird es geben, und das schönste daran ist, mein Sekretär Fritz muß den Riesenschinken bezahlen, weil er gegen mich eine Wette verloren hat: Er glaubte nicht, daß ich noch vor dem Herbst wieder auftreten könnte ...

Aber noch bin ich nicht zu Hause, sondern nach wie vor von Hunderten Menschen eingekeilt. Irgend jemand schubst mich schließlich in mein Auto, und dann folgt die letzte große Überraschung dieses Abends: Außerhalb der Absperrung warten immer noch Tausende von Menschen, die links und rechts der Straße ein Spalier gebildet haben. Langsam und vorsichtig chauffiere ich den Wagen durch die Menge, höre »Josep, Josep«-Sprechchöre. Selbst als ich ein wenig schneller fahre, wollen sich ein paar Dutzend Anhänger nicht von mir trennen – im Laufschritt folgen sie dem Wagen, rufen und winken mir zu.

Ich bin zutiefst gerührt, denn ich erkenne wieder einmal, was eigentlich das Wunder meines Berufes ist: Nicht nur Freude an einer Tätigkeit zu empfinden, sondern durch diese Tätigkeit auch Freude bei anderen zu erwecken. Schöneres ist für mich kaum vorstellbar – auch deswegen bin ich Sänger geworden.

Wie man Sänger wird, dafür gibt es selbstverständlich kein Rezept. Ich kann daher auch gar nichts anderes tun, als zu erzählen, wie *ich* es wurde ...

Die Kindheit – Debüt mit elf Jahren

Meine Kindheit verlief äußerst ungetrübt und glücklich. An viele Dinge kann ich mich genau erinnern, viele weiß ich aus Erzählungen, denn wie in vielen Familien war es auch bei uns üblich, daß gewisse einschneidende Ereignisse oder bloß lustige Begebenheiten immer wieder erzählt wurden.

Ich war noch nicht einmal fünf Jahre alt, da beschlossen meine Eltern, Spanien zu verlassen und mit der ganzen Familie nach Argentinien auszuwandern. Es sollte ein Aufbruch in eine neue, bessere Zukunft werden, denn die wirtschaftlichen Verhältnisse in Spanien waren damals geradezu katastrophal.

Fast zwölf Jahre waren seit dem Ende des schrecklichen Bürgerkrieges vergangen, aber das Land hatte sich von dessen Folgen noch immer nicht erholt. Man muß sich das einmal vorstellen: Das Durchschnittseinkommen der spanischen Bevölkerung war Ende der vierziger Jahre geringer als ein halbes Jahrhundert zuvor! Und es war nur halb so hoch wie vor dem Ausbruch des Bürgerkrieges im Jahre 1936. Eine Besserung der Situation war weit und breit nicht in Sicht, viele Spanier verließen deshalb das Land.

Die Emigration unserer Familie aus unserer engeren Heimat Katalonien hatte indirekt aber auch politische

Ursachen. Mein Vater, José Carreras-Soler, war wie die meisten Katalanen glühender Republikaner. An ihrer Seite zog er im Alter von dreiundzwanzig Jahren in den Bürgerkrieg. Den überstand er zwar heil, behielt sein Leben, doch er verlor seinen Beruf. Besser gesagt, man gab ihm nach 1939 keine Chance, ihn weiter auszuüben. Er war Lehrer, unterrichtete Französisch, und für das Franco-Regime war eben ein Republikaner als Lehrer untragbar. Aber natürlich war das nicht »offiziell« die Begründung. Sie sagten ihm nicht: »Du darfst jetzt nicht mehr Lehrer sein.« Nein, es sei im Moment kein Bedarf, das war damals die gängige Formel.

So versuchte mein Vater, in der städtischen Administration einen Posten zu bekommen. Aber auch da gab es »keinen Bedarf«. Statt dessen bot man ihm eine Stelle bei der »Guardia Urban«, der Verkehrspolizei, an. Ich glaube, ich muß nicht eigens betonen, was es für einen Mann bedeutet, der mit ganzem Herzen Lehrer ist und Kinder unterrichten möchte, wenn er plötzlich an einer Straßenkreuzung den Verkehr regeln soll ...

Aber es gab eben keine andere Möglichkeit, Geld zu verdienen. Schließlich war er damals schon ein junger Familienvater. Meine Eltern hatten während des Krieges geheiratet, mein Bruder Alberto war 1937 auf die Welt gekommen. Aus Erzählungen weiß ich, wie schwer die nächsten Jahre für die junge Familie waren, und das wird wohl auch der Grund gewesen sein, warum die beiden anderen Kinder so spät kamen: Meine Schwester Maria Antonia wurde im Juli 1942 geboren, ich selbst am 5. Dezember 1946.

Meine Mutter Antonia, eine geborene Coll-Saigi, war in den folgenden Jahren der Motor der Familie, eine phantastische Frau – voller Energie und Vitalität, ideenreich, sehr selbständig und äußerst sparsam. Sie führte ein kleines Friseurgeschäft, und damit trug sie auch wesentlich zum Familieneinkommen bei.

Sicher, es gab damals in Spanien Leute, die wesentlich ärmer waren als wir. Aber meine Eltern mochten sich eben mit der Situation nicht abfinden. Es war der Bruder meiner Mutter, der die Eltern immer wieder animierte, Spanien zu verlassen. Er war schon zwei Jahre vorher nach Argentinien ausgewandert und hatte immer wieder geschrieben, welche Vorteile das Leben in Südamerika böte.

Nach langen Diskussionen war es dann soweit: Im Herbst 1951 sagten wir unserer Heimat Katalonien ade. Auch meine Großeltern mütterlicherseits schlossen sich an. Die Eltern meines Vaters blieben in ihrer Heimatstadt Gerona zurück.

In Argentinien erkannten meine Eltern sehr bald, daß sich der Traum vom schöneren Leben nicht erfüllen würde. Die Familie lebte zunächst als Untermieter beim Bruder meiner Mutter, in Villaballester. Nach kurzer Zeit in der viel zu kleinen und engen Wohnung fanden wir eine eigene: In José Leòn Suarez, einer kleinen Stadt in der Nähe von Buenos Aires. Die nächsten Monate zeigten, wie schwer es war, in Argentinien Fuß zu fassen.

Meine Mutter arbeitete wieder als Friseuse, für meinen Vater gab es diesmal wirklich »keinen Bedarf«. Es gab keine freie Stelle als Lehrer, und er war daher gezwungen, alle möglichen Arbeiten anzunehmen. Auch hier war eine Besserung der Lebensumstände nicht abzusehen. Mehr leichten als schweren Herzens entschied der Familienrat: Es geht zurück – heim nach Katalonien. Nur elf Monate hatte der Ausflug in die neue Heimat gedauert, und das einzige, was ich in Erinnerung behalten habe, ist die Überfahrt per Schiff. Ich war voller schrulliger Einfälle und produzierte mich vor den übrigen Passagieren mit allerlei Finten und Gags. Ich sang Lieder, imitierte die Erwachsenen beim Tangotanzen etc. Bald wurde ich so etwas wie eine Attraktion, die Leute mochten mich und verwöhnten mich mit Süßigkeiten und kleinen Trinkgeldern. Ich genoß die Reise außerordentlich.

Viele Jahre später, als ich im Herbst 1986 mit Agnes Baltsa im Teatro Colon von Buenos Aires ein Konzert gab, ließ ich mir die Stätten meiner Kindheit zeigen. Ein entfernter Cousin war so freundlich, mich überall hinzuführen. So bekam ich wenigstens einen kleinen Eindruck von Land und Leuten in meiner »Kurzheimat«.

Diese elf Monate Argentinien bedeuteten für mich aber auch einen Gewinn ganz anderer Art: Ich lernte Spanisch. Das klingt für Nicht-Spanier seltsam, ist aber recht leicht zu erklären. Katalonien ist nicht bloß eine spanische Provinz. Wir Katalanen haben unsere eigene Kultur und daher auch unsere eigene Sprache. Die meisten Leute glauben, es handle sich um einen spanischen Dialekt, aber das ist nicht so.

Heute ist Katalonien, Gott sei Dank, eine autonome Region, Katalanisch wurde 1976 mit der Rückführung Spaniens in die Monarchie als zweite Staatssprache anerkannt. Das bedeutet unter anderem, daß ich seither meinen Vornamen Josep auch in meinem Reisepaß führen darf: Josep Maria Carreras-Coll lautet mein voller Name, denn bei uns ist es üblich, daß der Familienname aus dem ersten Namen des Vaters und dem ersten Namen der Mutter zusammengesetzt wird.

Als ich ein Kind war, galt im ganzen Land nur Kastilisch, also Spanisch, als offizielle Sprache, obwohl Katalanisch für nahezu ein Viertel der spanischen Bevölkerung die Muttersprache war (und natürlich heute noch ist). Da wir zu Hause selbstverständlich katalanisch sprachen, fand für uns Kinder normalerweise die erste Begegnung mit dem Spanischen zu Beginn der Schulzeit statt. Ich hatte also das Glück, aufgrund unseres Aufenthaltes in Argentinien die Schule mit einem Vorteil gegenüber den meisten meiner Mitschüler zu beginnen.

So wie den Preußen nachgesagt wird, sie seien besonders exakte Menschen, so wird von den Spaniern behauptet, sie seien besonders stolz. »Stolz wie ein Spanier« ist eine äußerst gängige Redewendung. So gesehen, werden sie von den Katalanen sogar noch übertroffen. Und deshalb bin ich über die katalanische Autonomie noch aus einem ganz besonderen, psychologischen Grund froh: Solange es mir vom spanischen Staat, also von der Staatsmacht, nicht offiziell erlaubt war, auch auf dem Papier Katalane zu sein, so lange war ich nicht aus vollstem Herzen Spanier. Jetzt darf ich Katalane sein, und es ist für mich auch wundervoll, Spanier zu sein. So einfach ist das.

Auch meine Eltern träumten immer von dieser Lösung, doch zu Beginn der fünfziger Jahre schien es nicht so, daß wir Katalanen vom Staat jemals als eigener Volksstamm akzeptiert würden.

Als wir im Sommer 1952 wieder in Barcelona eintrafen, hatte sich die wirtschaftliche Lage in Spanien keineswegs zum Besseren gewendet. Die politische sowieso nicht. Immer noch gab es »keinen Bedarf« für den Lehrer José Carreras-Soler. Meinem Vater blieb abermals nichts anderes übrig, als bei der Verkehrspolizei zu arbeiten. Da er vor der Argentinien-Reise nicht gekündigt, sondern nur um Beurlaubung gebeten hatte, konnte er wenigstens gleich wieder seinen Dienst beginnen. Ich glaube, damals gab er endgültig die Hoffnung auf, jemals wieder seinen erlernten Beruf ausüben zu können.

Lehrer blieb er nur für uns Kinder. Denn natürlich machte die Ideologie des Regimes vor den Schulen nicht halt. Ganz im Gegenteil. Das wußte mein Vater selbstverständlich, also erteilte er uns Nachhilfe in Liberalismus. Vorurteilslos und doch kritisch zu denken und zu handeln – das waren die Maximen seiner Erziehung. Dafür bin ich ihm auch als erwachsener Mann immer dankbar gewesen.

Meine Eltern hatten nach der Rückkehr eine neue Wohnung gesucht und sie in Sants, einem Arbeiterbezirk von Barcelona, gefunden. Diese Wohnung, übrigens gar nicht weit von unserer alten entfernt, war relativ groß und für die damaligen Verhältnisse sehr teuer. Sie trotzdem zu mieten, war Resultat des Weitblicks meiner Mutter. Sie hatte vor, in einem Teil der Wohnung einen Friseursalon einzurichten. So geschah es auch, die Investition trug bald Früchte, auch wenn es vorerst nur bescheidene waren.

Und für mich wurde diese Wohnung meine erste Bühne.

»Wie wird man eigentlich Opernsänger?« lautet eine der meistgestellten Fragen an Leute wie mich. Sie ist natürlich nicht zu beantworten, weil es – wie schon erwähnt – kein Rezept dafür gibt, was »man« zu tun hat. Es ist auch kein Beruf, den man sich einfach vornimmt, und dann wird man's eben. Nein, das wird wohl bei jedem Opernsänger höchst individuell vor sich gegangen sein. Bei mir aber hat es tatsächlich auch mit Enrico Caruso zu tun.

Ich habe in zahllosen Interviews der letzten Jahre immer wieder die Geschichte meiner ersten Begegnung mit der Oper erzählt. Die Geschichte über den Besuch des Films »Der große Caruso« mit Mario Lanza. In allen Kurzbeschreibungen meiner Karriere begegne ich ihr, und weil sie offenbar immer irgendwie mißinterpretiert worden ist, möchte ich hier gerne schildern, wie das wirklich war.

Es ist nämlich absolut falsch, daß ich nach Besuch dieses Films den dringenden Wunsch verspürt hätte, eine Karriere als Opernsänger anzustreben. Oder gar ein neuer Caruso zu werden. Ich war schließlich noch keine sechs Jahre alt, und meine Zukunftspläne beschränkten sich bestenfalls auf den jeweils nächsten Tag. Werde ich ausreichend Zeit haben, mit meinen Freunden Fußball zu spielen oder nicht? Wie viele Tore werde ich schießen?

Nein, der Film weckte nur eine unbändige Lust am Singen in mir.

Zum besseren Verständnis muß ich erwähnen, daß das Kino damals in Spanien einen ungeheuer großen Stellenwert hatte. Es war eines der wenigen Vergnügen, die sich jeder leisten konnte. Kinovorstellungen gab es nur samstags und sonntags, und kein Mensch wählte sich den Film aus, den er sehen wollte. Die Leute sahen sich einfach den Film an, der gezeigt wurde.

In Barcelona fanden in unserem Stammkino sogenannte Doppelvorstellungen statt – unmittelbar nacheinander liefen zwei Filme. So ein Kino-Nachmittag war lustig und auch irgendwie komisch. Man blieb für ein paar Stunden im Kino, also brachten die Leute Verpflegung und Getränke von zu Hause mit. Sie unterhielten sich laut, und nicht selten geschah es, daß während einer schwülstigen Liebesszene auf der Leinwand in der einen Ecke jemand rief: »Gib mir doch bitte einmal den Käse herüber!« und woanders eine Kinderstimme bettelte: »Ich möchte noch eine Limonade.« Niemanden störte das, es war einfach gang und gäbe. Und wenn eine Filmszene besonders spannend war, herrschte ohnehin Ruhe.

Eines Tages spielten sie eben den Film »Der große Caruso«, möglicherweise gleich im Anschluß an einen Western mit John Wayne – ich weiß es leider nicht mehr. Meine Eltern nahmen mich mit ins Kino und erklärten mir vorher lediglich, da ginge es um die Lebensgeschichte des größten Tenors aller Zeiten. Und ein Tenor sei ein Sänger, der in der Oper meistens Helden spielt.

Was mich an dem Film faszinierte, war aber weniger die Story. Ich bekam zwar das Wunder dieser Karriere irgendwie mit, mir gefielen seine Reisen, der Ruhm, der Reichtum – aber was mir viel mehr imponierte, war die Musik. Die Opernarien und wie sie von Mario Lanza, dem Film-Caruso, gesungen wurden.

Was am nächsten Tag passierte, war für meine Familie fast ein Schock. Nicht nur, daß ich sämtliche Arien aus dem Caruso-Film vollkommen richtig nachsang, obwohl ich sie nie vorher gehört hatte – ich sang keineswegs so, wie Kinder eben singen, sondern ich imitierte gleich die Art der Tenöre, Arien zu singen.

Für meine Familie begann eine schwere Zeit. Ich sang und sang und sang. Als man mir nach einiger Zeit bedeutete, mein Gesang sei zwar wunderschön, gehe aber allen allmählich auf die Nerven, begab ich mich auf die

Suche nach geeigneten Orten für meine musikalischen Darbietungen. Da ich an Zuhörern ohnehin nicht sehr interessiert war, schloß ich mich stundenlang auf dem Klo ein oder verbrachte längere Zeiten unter der Dusche als je zuvor in meinem Leben. Wo immer ich ein ruhiges Plätzchen fand, sang ich aus Leibeskräften. Mein absoluter Favorit war die Arie des Herzogs aus *Rigoletto*. Ich vermute, außer meinen Eltern und Geschwistern hat niemand auf der Welt »La donna e mobile« so oft hören müssen. Ich befand mich in einer Art Herzogs-Manie.

War ich allein zu Hause, ging ich noch einen Schritt weiter. Ich kostümierte mich. In Maske und Verkleidung, so fand ich damals, klinge mein Gesang um vieles besser. Irgendwann sah ich in einer Illustrierten ein Bild von Mario del Monaco als Otello – das war die Vorlage für meine nächste »Rolle«. Dazu mußte ich mich natürlich in einen Schwarzen verwandeln. Ich patzte und kleckerte so lange mit Wasserfarben herum, bis ich wie Otello aussah. Zumindest meiner Meinung nach. Die Freude meiner nach Hause zurückkehrenden Eltern war nicht unbedingt überschwenglich, auch wenn sie insgeheim lachen mußten. Die Geschwister hielten mich ohnedies für völlig verrückt.

Meine Eltern waren keine ausgesprochenen Opernliebhaber – regelmäßig Opernvorstellungen zu besuchen wäre schon aus finanziellen Gründen kaum möglich gewesen. Aber sie waren doch musikalisch genug, um zu hören, daß ich nicht einfach irgendwie sang, sondern daß jeder Ton stimmte, daß ich über eine musikalische Begabung verfügte, die über das Normale hinausging. Möglicherweise verdanke ich dieses Talent dem Vater meiner Mutter. Er hieß Salvador Coll, verfügte über eine sehr schöne Baritonstimme und wollte eigentlich

Sänger werden. Mein Großvater war daher zunächst auch der einzige, der sich an meinem Arienrausch begeistern konnte. Und er war es auch, der meine soeben erwachte Liebe zur Musik und zum Gesang nicht erkalten ließ. Im Gegenteil – er schürte das Feuer sogar noch.

Großvater sprach mit mir viel über Musik und über Komponisten, er erzählte mir von den vielen Vorstellungen, die er im Teatro Liceo und im Teatro Tivoli in Barcelona besucht hatte. Er war ein blendender Geschichtenerzähler, ich konnte ihm stundenlang zuhören. Und ihm gefiel das natürlich.

Es gab damals in Spanien einen populären Sänger namens Luis Mariano. Man kannte ihn aus dem Radio und aus dem Kino. Mariano sang allerdings nicht Opernarien, sondern Operetten, Chansons und andere Lieder. Die Filme mit ihm waren meist harmlose Komödien und eigentlich nur Vorwand, um ihn als Sänger zu präsentieren. Seine Stimme und das, was er sang, beeindruckten mich mindestens ebenso wie der Tenor Mario Lanzas mit seinen berühmten Opernarien.

Selbstverständlich imitierte ich meine zwei Kino-Helden nicht nur beim Singen, sondern auch ihr Auftreten, ihre Gesten, ihr Mienenspiel. Es war zu komisch. Meine Eltern wußten damals nicht so recht, ob sie sich über ihren jüngsten Sohn amüsieren oder ob sie über seine merkwürdige Entwicklung besorgt sein sollten. In der Schule, wo ich ebenfalls keine Gelegenheit ausließ zu singen, verpaßte man mir rasch einen Spitznamen: Rigoletto. Überflüssig, zu erklären, warum ausgerechnet Rigoletto …

Eines Tages passierte etwas sehr Entscheidendes: Unser erster Plattenspieler kam ins Haus. Daß die erste, gleich mitgekaufte Schallplatte für mich später einmal geradezu symbolischen Charakter erlangen sollte, ahnte ich natürlich nicht: Es war eine mit acht neapolitanischen Volksliedern – gesungen von Giuseppe di Stefano. Die zweite Platte wurde nur meinetwegen angeschafft, es war die Lanza-Platte zum Film »Der große Caruso« ...

Jetzt hatte ich erst recht Gelegenheit, mein Repertoire zu erweitern, und ich machte ausgiebig Gebrauch von der Möglichkeit. Ab nun sang immer irgend jemand im Hause Carreras – entweder di Stefano oder Mario Lanza, niemals jedoch sangen sie allein, die Tenöre wurden stets von mir »begleitet«. Ich war ein begeisterter Mitsinger geworden.

Mein neues, tenorales Leben hatte auch einen praktischen Wert, der mir außerordentlich gefiel. Nämlich das zusätzliche Taschengeld, das ich mir als »Haus-Solist« ersang. Da, wie ich schon erwähnte, unsere Wohnung zugleich der Arbeitsplatz meiner Mutter war, bekamen ihre Kundinnen meine täglichen Gesänge selbstverständlich mit. Ich war ja nicht zu überhören. Offenbar fanden die Damen großen Gefallen an dem singenden Friseur-Sohn, man bat mich hie und da sogar ausdrücklich aufzutreten. Die Trinkgelder, die mir zugesteckt wurden, reichten für Coca-Cola, Eiscreme oder ähnliches.

Im übrigen war es mitnichten so, daß das Singen meinen Tag ganz ausgefüllt hätte – ich führte das Leben eines ganz normalen Kindes. Und es war ein herrliches Leben. Gleich gegenüber unserer Wohnung lag meine Schule, aber was viel wichtiger war, auch ein Sportplatz. Dort verbrachte ich mit meinen Freunden täglich viele Stunden. Wir spielten Fußball, Handball, vor allem aber Basketball. Das war am populärsten, denn die Basketballmannschaft unserer Schule spielte sogar in einer Liga. Klar, daß jeder von uns ein Basketballstar werden wollte. Obwohl ich mich auch als Kind nicht eben durch riesenhaften Wuchs auszeichnete, schaffte ich es nach einigen Jahren, zumindest in jenem Team einen Stammplatz zu ergattern, das gegen andere Schulen antrat. Zwei meiner Mitspieler von damals zählen auch heute noch zu meinen besten Freunden: Miquel Sanromá und Josep Riba. Joseps Mutter, Magda Prunera, war unterdessen meine erste Klavierlehrerin geworden.

Meine Mutter hatte nämlich längst erkannt, daß meine Lust am Singen mehr war als nur eine Marotte. Zugleich war meine Mutter aber weit davon entfernt, mit übertriebenem Ehrgeiz aus mir etwas machen zu wollen. Am allerwenigsten ein »Wunderkind«. Magda Prunera, eine Freundin meiner Mutter, unterrichtete als Professorin am »Orfeon de Sants«. Als meine Mutter ihr vorschlug, mich einmal anzuhören, weil ich ihrer Meinung nach außergewöhnlich gut sang, erfüllte die Freundin ihr den Wunsch. Allerdings fest in dem Glauben, hier verstelle mütterliche Liebe den Blick auf die Realität. Als sie mich aber dann hörte, war sie begeistert und nahm mich auf der Stelle unter ihre Fittiche.

Nach einem Jahr wechselte ich dann ans städtische Konservatorium. Dort unterzukommen war kein großes Problem, weil mein Vater als Verkehrspolizist Angestellter der Stadt war. Für die nächsten drei Jahre war ich ausreichend mit Musik versorgt. In diese Zeit fiel auch mein erster Opernbesuch. Ich war acht Jahre alt, als ich dieses aufregende Erlebnis hatte. Mein Vater begleitete mich in seiner schmucken Uniform ins Teatro

Liceo, ich trug meinen Erstkommunionsanzug – graues Jackett, weißes Hemd mit Krawatte, kurze graue Hosen, weiße Socken, schwarze Schuhe –, wir saßen ganz oben auf der fünften Galerie. Gespielt wurde *Aida* mit Renata Tebaldi, die damals in Barcelona vergöttert wurde wie keine andere. Den Radames sang Umberto Borso.

Im Leben eines jeden Menschen ereignen sich gewisse Dinge, die er nie vergißt. Dieser Abend war für mich sicher etwas wie ein Schlüsselerlebnis. Zum erstenmal sah ich Künstler auf einer Bühne, sah ein Orchester spielen, sah die bunten Bühnenbilder, erlebte den ganzen Zauber eines Abends im Theater. Das langsame Verlöschen der Lichter, die erwartungsvolle Stille bis zum Eintreten des Dirigenten oder das Aufgehen des Vorhangs – lauter magische, faszinierende Vorgänge. Als Renata Tebaldi nach der Vorstellung in Sprechchören immer wieder vor den Vorhang gerufen wurde, schrie ich schon aufgeregt mit.

Was die Oper selbst anlangt, beeindruckte mich seltsamerweise weniger das große Spektakel des Triumphaktes, wie man es bei einem Kind vielleicht erwarten würde. Mir hatte es der Nil-Akt angetan. Aidas Arie, das Duett mit Amonasro und dann natürlich die ganze Szene mit Aida und Radames – samt glitzerndem Nilwasser und am Himmel stehendem Mond ...

All das hatte ein sehr heftiges Feuer in mir entfacht – und doch ereignete sich auch etwas Merkwürdiges: Zum erstenmal in meinem Leben hatte ich ein Theater besucht, aber irgendwie schien mir der Platz vertraut, so als würde ich das alles schon kennen. Als Kind konnte ich mit diesem Gefühl natürlich nichts anfangen, heute möchte ich es so formulieren: Es war mir von der ersten Minute an klar, das ist meine Welt, hierher gehöre ich.

Wann immer wir in den folgenden Tagen am Liceo mit der Straßenbahn vorbeifuhren, erklärte ich meinen Eltern: »In diesem Theater werde ich einmal singen. Ganz sicher.« Die waren über meine Selbstsicherheit ziemlich verblüfft, aber sie spürten doch, daß hinter meiner Ankündigung mehr steckte als nur das Hirngespinst eines Achtjährigen. Insbesondere weil der logische Wunsch eigentlich hätte lauten müssen: Eines Tages werde ich Mittelstürmer beim FC Barcelona.

Wäre das Mirakel geschehen, daß jemand meinen Eltern damals verraten hätte, ihr Sohn würde schon in drei Jahren, also mit elf, auf der Bühne des Liceo stehen, sie hätten es wahrscheinlich trotzdem für ein Märchen gehalten.

Aber bevor es so weit war, kam es zu meinem ersten öffentlichen Auftreten als Sänger überhaupt.

Bei Radio National d'Espana gab es damals eine Benefizsendung, deren Zweck war, die Hörer vor Weihnachten zu animieren, Geld für arme Kinder zu spenden. Alle möglichen Künstler gaben dabei irgend etwas zum besten. Sänger, Schauspieler, Musiker.

Ich glaube, es war Magda Prunera, die meinen Eltern vorschlug, ich solle in dieser Sendung auftreten. Einfach deshalb, weil es nett wäre, wenn ein Kind für andere Kinder singt. Die Rundfunkleute waren von der Idee begeistert, man lud mich ein.

Ich sang ein katalanisches Weihnachtslied und – wie könnte es anders sein – »La donna e mobile«. Bei dieser Sendung gab es zwei Conférenciers, einen lustigen und einen seriösen. Der eine kündigte jeweils den nächsten Künstler an, der andere machte dazu irgendwelche Bemerkungen. In diesen Tagen gastierte gerade Mario del Monaco als Otello im Liceo, und daher sagte der Rundfunkmann, als ich an der Reihe war: »Sollte del Monaco erkranken oder aus sonstigen Gründen absagen müssen – hier haben wir den idealen Ersatz.« Das hat mir natürlich sehr gefallen, und ich strengte mich bei Verdi besonders an. (Ein Tonband von dieser Aufnahme wird in meiner Familie wie ein Schatz gehütet.) Die Arie aus *Rigoletto* ist in der Originallage für ein Kind eigentlich unsingbar. Hätte ich sie in der Tenorlage gesungen, wäre sie viel zu tief gewesen. Und in der Sopranlage, also eine Oktave höher, ging es auch nicht, weil ich ein Alt war. Ich mußte daher transponieren.

Es ist übrigens interessant, daß im allgemeinen die tiefere Knabenaltstimme Basis für die spätere Entwicklung zum Tenor und die höhere Knabensopranstimme für die zum Bariton ist. Meine Familie war nach diesem Rundfunkauftritt sehr stolz auf mich. Die mir angebotene Möglichkeit, übers Radio jemandem Grüße zu bestellen, hatte ich mit Begeisterung wahrgenommen – ich wünschte meinen Großeltern in Gerona einen guten Tag ...

Möglicherweise war dieser Auftritt Anlaß für die nächste Einladung. Wir haben nie genau erfahren, wie das alles gekommen war – jedenfalls läutete ein paar Monate später das Telefon, am Apparat war ein Direktionsmitglied des Teatro Liceo. Ob meine Eltern erlauben würden, mich im Liceo auftreten zu lassen. Man lade mich ein, eine Knabenrolle in einer Oper unseres großen Komponisten Manuel de Falla zu übernehmen.

Für meine Eltern war das wie ein Traum. Unglaublich. Aber es war auch ein Schock. Man bedenke: Das Liceo war das größte und bedeutendste Opernhaus des Landes, dazu kam noch, daß der weltberühmte spanische Pianist und Dirigent José Iturbi den de-Falla-Abend musikalisch einstudieren und selbstverständlich auch dirigieren sollte.

Der Familienrat trat zusammen und entschied, das Angebot anzunehmen.

Drei Werke von Manuel de Falla, *La vida breve, Der Dreispitz* und *El Retablo del Maese Pedro* waren angesetzt. In *El Retablo del Maese Pedro* muß ein Knabe dem Don Quijote in einem Marionettentheater die ganzen Vorgänge erklären. Das war meine – übrigens für Sopran geschriebene und außerordentlich schwer zu singende – Rolle.

Magda Prunera half mir beim Lernen – länger als drei Monate arbeiteten wir an der Partie, ehe ich mit Maestro Iturbi bei den ersten Proben zusammentraf. Iturbi hörte schweigend zu, wie ich vorsang. Er war zu Tränen gerührt. Der berühmte Künstler behandelte mich äußerst liebenswürdig, sein Lob gab mir viel Selbstvertrauen.

Ein paar Wochen nach meinem elften Geburtstag war die Premiere, genau am 3. Januar 1958. Sie wurde auch im Rundfunk übertragen und war für mich ein Riesenerfolg. Beim Singen auf der Bühne war ich weniger aufgeregt gewesen als in jenem Augenblick, als mich der Bariton Manuel Ausensi an der Hand nahm und mit mir vor den Vorhang ging.

Hinterher zahlte man mir meine erste offizielle Gage aus – 500 Pesetas. Das war so gut wie nichts, aber doch genug, daß ich mir dafür ein kleines Spielzeug kaufen konnte. Und noch etwas geschah: Ich gab mein erstes Interview. Dabei erklärte ich dem Reporter mit wichtiger Miene, ich sänge lieber zehnmal im Teatro Liceo, als einmal zu einer Prüfung in der Schule anzutreten. Und überhaupt zöge ich Verdi dem Pythagoras und Puccini dem Galilei vor ...

Meinen ersten Kontakt zu dem berühmten Opernhaus und den dort auftretenden Künstlern nützten meine Eltern, um Ratschläge über meine Zukunft einzuholen. Unter anderem fragten sie Maestro Iturbi, ob er es für sinnvoll halte, mich als Sänger ausbilden zu lassen.

Iturbi meinte, es hänge natürlich alles davon ab, was nach dem Stimmbruch passiere. Aber in einem Punkt bestärkte er meine Eltern in ihrem Plan: Mein musikalisches Talent sei außergewöhnlich, man müsse auf alle Fälle den Versuch unternehmen, es entsprechend zu fördern. Er glaube, ich sei zum Singen geboren ... Schon am Tag nach der Premiere der de-Falla-Aufführung erhielt ich aus dem Liceo das nächste Angebot: Für eine Produktion der Oper *Amunt* des spanischen Komponisten Manuel Altisent, in der es ebenfalls eine Knabenrolle gibt.

Auch diese Aufgabe bestand ich erfolgreich, und kurz danach »debütierte« ich in meiner ersten italienischen Oper, in *La Bohème*. Dafür mußte ich allerdings nicht sehr viel studieren, denn meine Rolle bestand nur aus dem Satz: »*Vo la tromba, il cavallin!*« Kenner von *La Bohème* wissen natürlich, wo die Szene spielt: Im 2. Akt, wenn ein Bub von seiner Mutter vom Wagen des Spielwarenverkäufers Parpignol am Ohr weggezogen wird und weinend nach Trompete und Holzpferd verlangt. Als ich später den Rodolfo selber sang, habe ich stets auf dieses Kind geachtet. Wer weiß, vielleicht habe ich irgendwo einen Tenor von morgen gehört.

Das Aufregendste an meinem ersten Auftritt in *La Bohème* waren die Stars des Abends: Jene Renata Tebaldi, die ich ein paar Jahre zuvor von der Galerie aus als Aida bewundert hatte, stand plötzlich – wenn auch nur für Augenblicke – neben mir auf der Bühne. Den Rodolfo sang Gianni Raimondi. Der richtete sogar einmal das Wort an mich. Für ihn waren es höchstwahrscheinlich nur ein paar freundliche Belanglosigkeiten, aber für mich war es eine große Ehre, und ich flunkerte zu Hause allen vor, der berühmte Tenor Raimondi habe mir erklärt, er sei sicher, daß aus mir einmal ein großer Tenor würde.

Aber bis dahin war's noch ein weiter Weg. Fürs erste endete nämlich meine Bühnenkarriere abrupt. Stimmbruch. Ich mußte das Angebot der Liceo-Direktion, in der Saison 1959/60 in Engelbert Humperdincks Märchenoper *Hänsel und Gretel* mitzuwirken, absagen. Meine Stimme tat mit mir, was sie wollte. Klang einmal so wie die der Gruberova und dann wie die von Ghiaurov. Natürlich nicht so schön, aber (fast) so hoch oder (fast) so tief. Das hinderte mich aber nicht, trotzdem zu singen – nur eben nicht auf der Bühne. Das war auch gut so, denn es ist gefährlich, wenn man während des Stimmbruchs aufhört zu singen. Mein Gesang war zwar über weite Strecken nicht unbedingt als besonders qualitätvoll zu bezeichnen, aber die Stimme entwickelte sich ganz natürlich weiter.

In dieser Zeit, zwischen meinem vierzehnten und siebzehnten Lebensjahr, ließ ich allerdings keine Gelegenheit aus, Opernvorstellungen im Liceo zu besuchen. Meine Mutter hatte mir ein Samstag-Abonnement geschenkt, außerdem frequentierte ich den Stehplatz, sooft es nur möglich war. Ich lernte das gängige Opernrepertoire kennen – von Mozart bis Wagner. Wagner-Opern wurden damals gemischt-sprachig gespielt: Die Solisten sangen deutsch, der Chor italienisch. Zu den Werken des deutschen Komponisten fand ich als junger Mensch nur sehr schwer Zugang, begeistern konnte mich lediglich *Der Fliegende Holländer*.

Rigoletto war nach wie vor meine Lieblingsoper, ich sah sie mir bei jeder sich bietenden Gelegenheit an. Mein erster Herzog war der Tenor Gianni Poggi. Mit großer Grandezza betrat er die Bühne, hatte neben dem eleganten Kostüm auch noch weiße Handschuhe an, die er während der Auftrittsarie »Questa o quella« abstreifte – das hat mir als Kind ungeheuer imponiert. Und doch spürte ich immer wieder dieses Phänomen, war immer das undefinierbare Gefühl da: Du kennst das alles schon, du bist zu Hause in der Oper, seit ewig ...

Im Jahre 1964 begann dann meine erste ernsthafte Ausbildung als Sänger. In der Opernszene von Barcelona herrschte gerade großes Aragall-Fieber. Mein Landsmann Jaime, der für mich die schönste Tenorstimme unserer Generation besitzt, feierte um diese Zeit seine ersten großen Erfolge in Italien. Jeder sprach von ihm. Was lag also näher, als bei jenem Gesangspädagogen zu studieren, der auch Jaime unterrichtet hatte. Bei Francisco Puig. Man arrangierte ein Vorsingen, und er akzeptierte mich als Schüler.

MUTTER

Die Vorbereitung auf eine eventuelle Sängerlaufbahn begann systematisch, alles lief wie nach Plan, nichts stand mir im Wege. Aber dann, etwa ein Jahr, nachdem ich bei Maestro Puig zu studieren begonnen hatte, traf uns alle ein fürchterlicher Schlag – der Tod meiner Mutter.

Niemand – auch sie selbst nicht – ahnte, daß sie Krebs hatte. Alles ging so entsetzlich schnell. Als die Ärzte im Herbst 1965 die tödliche Krankheit erkannten, war bereits ihr ganzer Körper voller Metastasen – meine Mutter hatte nur noch zehn Tage zu leben. Sie war einundfünfzig Jahre alt.

Unser einziger Trost war, sie mußte nicht lange leiden. Vier Tage vor ihrem Tod war sie noch so weit bei Kräften, daß ich ein letztes Mal mit ihr sprechen konnte. Es war ein unbeschreiblicher Augenblick, einer, den man sein Leben lang nicht vergißt. Ich weiß jedes Wort, das sie sagte. Nichts schien sie zu interessieren außer meiner Zukunft. Das Faszinierende dabei war: Sie sprach, als ob sie vollkommen sicher sei, daß ich als Opernsänger Karriere machen würde. Mit mütterlicher Sorge beschwor sie mich, auf mich und meine Stimme zu achten, nicht zu viel zu singen, nichts zu riskieren.

Nach allem, was seit dem Sommer 1987 hinter mir liegt,

gehen mir ihre letzten Worte nun doch auf ganz andere Art durch den Kopf. Natürlich glaube ich nicht an überirdische Dinge, ich bin nicht einmal besonders abergläubisch. Aber vielleicht hat meine Mutter instinktiv doch irgendwie geahnt, daß sich die Familie irgendwann einmal große Sorgen um ihren Jüngsten wird machen müssen. Sie hat ja auch meinen älteren Geschwistern das Versprechen abgenommen, auf mich aufzupassen.

»Ich weiß, daß du einmal jemand sehr wichtiger sein wirst.« Das war einer ihrer letzten Sätze zu mir. Ich kann mir vorstellen, daß eine solche Situation für jeden Menschen größte Bedeutung hat: Wenn deine Mutter auf dem Totenbett in dieser Art mit dir spricht, dann ist das auch so etwas wie eine Injektion an Zuversicht und Mut. Es mag vielleicht sentimental erscheinen, aber mir hat dieses Gespräch enorm viel Kraft gegeben. Denn ihre Unterstützung, ihr fester Glaube an mich, das war in den folgenden Jahren immer irgendwie spürbar und hat mir nicht nur einmal geholfen.

Ich verdanke meiner Mutter sehr, sehr viel. Zum Beispiel, daß ich überhaupt Sänger werden konnte. Sicher, es bedurfte der Zustimmung meines Vaters, aber von ihr waren alle Initiativen ausgegangen, mir das Gesangsstudium zu ermöglichen. Ich verdanke ihr aber auch mein – Leben. Sie hat es mir gerettet, als ich zwei Jahre alt war. Aus Erzählungen weiß ich genau, was damals vorgefallen war:

In den vierziger Jahren lebte die Familie jeden Sommer für drei Monate in Puigcerdà, einem malerischen Städtchen an der französischen Grenze. Da dort viele Franzosen ihre Ferien verbrachten, wurde mein Vater wegen seiner Sprachkenntnisse jeweils während des Sommers

von der Verkehrspolizei Barcelona nach Puigcerdà ab-
kommandiert. Und meine Mutter nutzte die Gelegenheit, sich als Friseuse ein bißchen Geld dazuzuverdie-
nen. Wir Kinder waren natürlich auch mit dabei.

Eines Tages erwischte ich irgendwo eine von diesen
Aluminiumhülsen, die man damals für Rasierseife ver-
wendete, und ließ sie in einem Teich schwimmen. Ja,
und bei dem Versuch, mein »Schiff« aus dem Wasser zu
holen, stürzte ich kopfüber in den Teich. Zum Glück
wurde ich dabei beobachtet. Aber die Zeit, bis man mich
aus dem Wasser gezogen hatte, genügte, um das Bewußtsein zu verlieren. Inzwischen war auch meine Mutter zur Stelle, die man alarmiert hatte. Sie erkannte sofort, worauf es jetzt ankam – mein Gesicht war bereits
blau angelaufen. Durch Mund-zu-Mund-Beatmung
gelang es ihr, meinen Atemstillstand zu beenden. Und
als ich kurz nach Wiedererlangen des Bewußtseins
herzzerreißend zu weinen anfing, waren alle glücklich –
Josep geht's wieder gut. Ganz im Gegensatz zur Mutter,
bei der dieses Ereignis nachträglich einen schweren
Schock ausgelöst hatte.

Erst als ich selber erwachsen war, lange nach ihrem
Tod, konnte ich die wunderbaren Eigenschaften dieser
Frau richtig beurteilen. Sie verfügte neben ihrer Sensibilität über einen nicht zu definierenden Instinkt. Ich
weiß nicht, wie das funktionierte, aber sie wußte jederzeit mit absoluter Sicherheit, was das Beste für jedes von
uns Kindern war. Sie tat intuitiv immer das Richtige.
Wirklich eine phantastische Frau: Charakterstark und
doch zerbrechlich, sehr impulsiv, sehr konsequent einerseits, aber zugleich zärtlich und liebevoll, streng und
nachgiebig – alles immer im rechten Augenblick. Ich
habe das damals mit meinen achtzehn Jahren leider gar

nicht richtig begriffen und daher nicht gebührend geschätzt. Meine älteren Geschwister waren viel glücklicher dran, denn sie durften die Mutter viel länger als ich erleben. Mit großem Vergnügen denke ich an die Szenen zurück, die sich abspielten, wenn mein damals halbwüchsiger Bruder Alberto zu spät nach Hause kam. Vom Fenster aus spielte unsere Mutter die Gnadenlose, rief auf die Straße hinunter, er solle nur zusehen, wo er ein Bett fände, sie würde ihm unter keinen Umständen das Haustor aufsperren. Alberto pflegte dann Steinchen gegen das Fenster zu werfen, denn eine Zeitlang blieb die Mutter wirklich hart. Meine Schwester Maria Antonia und ich beschworen sie dann immer, Alberto hereinzulassen, und letztendlich gab sie auch meistens nach. Über diese Fenster-Straßen-Gespräche zwischen den beiden haben wir noch Jahre später sehr gelacht.

Ich bin sicher, es gibt einige Schritte und Fehler in meinem Leben, die ich nicht gemacht hätte, wäre meine Mutter noch am Leben. Vielleicht liegt es daran, daß ich bei ihrem Tod in einem Alter war, in dem man eine Mutter dringender braucht als später. Zumindest für mich traf das zu. Plötzlich war die schützende Hand weg. Auch wenn es abgedroschen klingt, es ist einfach so: Man fühlt auf einmal, daß einem etwas fehlt. Obwohl die Familie damals noch enger zusammenrückte, obwohl sich mein Vater und meine Geschwister besonders intensiv um mich kümmerten, war alles anders. Nicht so, daß ich sagen müßte: Die Mutter war tot, und nun wußte ich nicht, was ich tun sollte. Nein, ich war nicht allein und daher nicht verzweifelt. Aber ich war unglücklich – jenes Refugium, jener Platz, an dem man sich hundertprozentig sicher fühlt, der fehlte mir eben. Obwohl ich zu dieser Zeit den heftigen Wunsch hatte, eine Karriere als Opernsänger zu machen, ging ich an die Universität von Barcelona. Ich wählte Chemie als Studienfach, weil mein Bruder und der Mann meiner Schwester gerade im Begriff waren, eine Kosmetik-Erzeugung aufzubauen. Auch wenn alle in der Familie fest an mein Talent, an meine Möglichkeiten als Künstler glaubten – ich hielt es einfach für vernünftig, einen Beruf zu erlernen beziehungsweise die Voraussetzungen dafür zu schaffen. Neben dem Universitätsstudium arbeitete ich auch zu Hause im Betrieb. Ich fuhr mit dem Auto Waren aus oder stand für alle möglichen Tätigkeiten zur Verfügung. Niemand hatte das von mir verlangt, aber ich hielt es für wichtig, auch irgend etwas beizutragen. Schließlich finanzierten mir Bruder und Schwager nicht nur das Chemiestudium, sondern auch den Gesangsunterricht, den ich weiterhin nahm.

Die Ausbildung

Fast drei Jahre studierte ich bei Maestro Puig. Er war ein sehr herzlicher Mensch, besaß viel Sinn für logische Abläufe in der Musik und größten musikalischen Geschmack. Aber irgendwie spürte ich, daß ich etwas brauchte, was er mir nicht geben konnte. In dieser Zeit einer gewissen Unsicherheit traf ich mit Juan Ruax zusammen.

Dieser Mann, der nach einer Kinderlähmung an den Rollstuhl gefesselt war, verfügte über eine phantastische Tenorstimme. Er hatte allerdings nie die Absicht gehabt, Sänger zu werden, er war auch kein Gesangsprofessor mit akademischer Ausbildung. Juan Ruax war von Beruf Zahntechniker.

Es war damals gang und gäbe, daß bei Parties oder anderen geselligen Zusammenkünften viel musiziert wurde. Auch Juan Ruax war oft dabei und hörte mich mehrmals singen. Eines Tages meinte er zu mir, sollte ich wirklich Opernsänger werden wollen, würde er mir gerne helfen. Der Mann spürte auf Anhieb, was für meine Stimme richtig und was falsch war. Vor diesem freundlichen Angebot hatte ich eigentlich den Plan gefaßt, nach Italien zu gehen, um dort irgendwo Gesang zu studieren. Italien war schließlich schon immer das Mekka für junge Opernsänger. Doch Maestro Ruax redete mir meine Pläne aus. Gott sei Dank, denn sonst wäre wahrscheinlich auch Ruax selbst für mich verloren gewesen.

Ich blieb also in Barcelona und begann mit Ruax zu arbeiten. Es war wundervoll, er widmete sich mir mit ungeheurem Einsatz. Erst viel später erfuhr ich, daß er sogar mit seiner Arbeit als Zahntechniker schon um fünf Uhr morgens begann, nur damit er nachmittags für mich ein paar Stunden Zeit hatte.

Das Faszinierende an dem Unterricht bei ihm war, daß er mehr mit mir über das Singen sprach, als daß er mit mir das Singen übte. Es war auch so, daß er weniger versuchte, mir beizubringen, wie man singen muß, sondern wesentlich mehr darüber sprach, wie man es n i c h t tun soll. Er war immer bemüht, meinen natürlichen Instinkt für das Singen und mein Talent weiterzuentwickeln. Natürlich korrigierte er mich, wenn ich etwas falsch machte. Aber die Hauptsache war: Es gibt kaum Grundregeln beim Singen, die man auf jeden Menschen anwenden kann. Was für den einen gut ist, muß es noch lange nicht für den anderen sein. Es gibt kein todsicheres System, denn gäbe es eines, existierten viel mehr erstklassige Sänger. Nein, einen Sänger züchten, das kann man nicht. Jede Kehle ist anders, jedes Talent auch, die Intelligenz funktioniert beim Singen unterschiedlich. Und Maestro Ruax hatte eben ein untrügliches Gespür für mich. Er wußte einfach instinktiv, wo er ansetzen mußte, ohne das, was von mir selbst kam, zu gefährden. Sein Grundsatz lautete: Folge dem, was deine Intuition dir sagt, und opfere niemals einen Ausdruck, einen Akzent oder eine Note der Technik.

Er war das klassische Gegenbeispiel zu jenen sturen Gesangslehrern, die ihren Schützlingen eine bestimmte

Methode aufzwingen. Ich möchte gar nicht wissen, wie viele junge Sängerinnen und Sänger auf diese Weise schon ruiniert worden sind. Eine Gesangslektion bei Ruax sah so aus: eineinhalb Stunden über das Singen reden, dann erst singen. Gesungen habe ich aber jeweils höchstens zwanzig Minuten. Nicht dieses endlose langweilige Vokalisieren. Das bringt nichts, aber neunzig Prozent der Lehrer quälen ihre Schüler die Tonleiter hinauf und hinunter.

Ruax und ich hörten gemeinsam oft stundenlang Platten. Alle Tenöre der Vergangenheit und alle der Gegenwart. Es ist sehr wichtig zu wissen, was jeder einzelne tat. Wie er an ein Stück insgesamt oder nur an eine Arie heranging. Erst wenn man möglichst viele verschiedene Wege kennengelernt hat, kann man damit beginnen, den eigenen Weg zu kreieren.

Für mich war der Instinkt für die Musik nie ein Problem. Auch den Stil zu finden fiel mir nicht schwer, das Lernen bereitete mir praktisch nie irgendwelche Schwierigkeiten. Die Stimme auf Abruf zu »haben«, sie gleich zum Strömen zu bringen – das fiel und fällt mir schon schwerer. Darum beneide ich etliche Kollegen – die steigen um sechs Uhr morgens aus dem Bett und können auf der Stelle ein hohes C singen. Das gibt's wirklich …

Bevor ich mit Ruax zu arbeiten begonnen hatte, dachte ich, die Libretti einer Oper sind ohnehin meistens seicht, was zählt, ist einzig und allein die Musik. Aber das ist nicht wahr. Ein Sänger muß seine Rolle so stark und tief wie möglich zu erleben versuchen. Es ist unbedingt notwendig, daß wir unsere eigenen Gefühle ganz genau kennen, wenn wir sie anderen vermitteln wollen. Die Musik, die Melodie versucht immer nur eine Gemütsverfassung auszudrücken, ein emotionales Moment, das eben durch den Text bedingt ist. Und um diesen richtig zu verstehen, ist es notwendig, jeden Augenblick intensiv zu erleben und die Möglichkeiten, die uns das Leben in jeder Sekunde bietet, bis ins letzte auszuschöpfen. Auf diese Weise kann es gelingen, den eigentlichen Sinn und Wert jeder Phrase, jeder Modulation zum Ausdruck zu bringen.

Mein Lehrer wußte das alles ganz genau. Sein Instinkt und seine Intelligenz sagten ihm, daß dies zu verwirklichen meine Stärke sein würde, daß ich nie ein Sänger sein könnte, bei dem es nur auf die Technik ankommt. Daran hat sich auch nie etwas geändert.

Und deshalb ist es wahrscheinlich auch verständlich, warum ich zu Hause, wenn ich nach dem Gesangsunterricht alleine Platten hörte, immer bei Giuseppe di Stefano endete. Alle möglichen Aufnahmen von so grandiosen Tenören wie Enrico Caruso, Beniamino Gigli, Jussi Bjoerling, Richard Tucker oder Franco Corelli hörte ich mir oft und oft an. Auch das waren irgendwie Gesangsstunden. Aber zuletzt, wenn ich mich erfreuen wollte, wenn ich Gefühle wollte, dann holte ich eine Platte von Pippo aus dem Regal. Er, den ich 1962 als Riccardo in *Un Ballo in Maschera* im Liceo zum erstenmal auf der Bühne gesehen hatte, gab mir einfach mehr als alle anderen diesen Eindruck: Singen ist ein Vergnügen. Singen gefällt mir. Es gab viele Tenöre, die ich bewunderte oder die mir imponierten, aber mein Herz erreichen konnte immer nur dieser eine. Er hat schließlich in der italienischen Oper alles verändert. Früher war nur der Klang wichtig, die Schönheit des Singens und des Timbres – seit di Stefano will das Publikum, besonders natürlich das italienische, auch jedes Wort verstehen.

Später, als ich schon längst in allen bedeutenden Opernhäusern der Welt auftrat, brach ich den Kontakt zu Maestro Ruax nie ab. Sogar im Sommer 1987 habe ich vom Hospital Clinico aus mehrfach mit ihm telefoniert. Im Herbst wurde der Achtzigjährige dann selbst in dieses Spital eingeliefert. Tragischerweise konnte ich ihn dort nicht einmal besuchen: Ich lag in einem sterilen Raum der hämatologischen Abteilung und befand mich in der dritten Phase der Chemotherapie. Und während dieser Zeit, es war im Oktober, ist Juan Ruax gestorben – zwei Stockwerke von mir entfernt. Ich wollte dann wenigstens an seinem Begräbnis teilnehmen, aber die Ärzte haben mir das nicht erlaubt.

Ruax war immer sehr stolz auf mich gewesen und hatte mich gewissermaßen als sein künstlerisches Kind betrachtet. Wenn ich Zeit fand, ihn zu Hause in Barcelona kurz zu besuchen, kritisierte er mich allerdings mehr, als er mich lobte. Es schwang dabei allerdings immer sein ganz eigener Humor mit. Manchmal rief ich ihn aus irgendeinem Winkel der Welt an: »Maestro, ich weiß nicht, was los ist, irgend etwas stimmt nicht mit meinem hohen C!« Und er antwortete: »Was regst du dich auf? Du hast nie ein hohes C gehabt ...«

1 Unter dem Arc de Triomf von Barcelona: 21. Juli 1988, der Tag, an dem mein
größter Wunsch in Erfüllung ging.

2 Unsere Königin
Sofia gab mir bei
den zwei ersten
Konzerten in Spa-
nien nach meiner
Krankheit die Ehre
ihrer Anwesenheit:

Am 21. Juli 1988
in Barcelona über-
reichte meine
Tochter Julia unse-
rer Königin Blumen
(Bild oben), am
13. August 1988
in Peralada waren
neben Königin Sofia
noch Prinzessin
Diana, die Frau des
britischen Thron-
folgers, Exkönigin
Annemarie von
Griechenland und
Prinzessin Irene
anwesend.

3 Im Oktober 1988
wirkte ich in Paris
an einem Wohltätig-
keitskonzert mit.
Nachher besuchte
mich Königin Nur Al
Hussein von Jorda-
nien, meine Tochter
Julia war natürlich
ebenfalls dabei.

4 Am 16. September 1988 trat ich nach der langen Zwangspause erstmals wieder in einem Opernhaus auf. Das Konzert in der unvergleichlichen Atmosphäre der Staatsoper Wien, das mir unvergessen bleiben wird, dauerte drei Stunden – eine Stunde länger als geplant.

5 Über 5000 Menschen standen trotz naßkalten Wetters auf der Straße vor der Wiener Staatsoper und verfolgten mein Konzert auf der eigens installierten Großbildwand.

6 Ein weiterer großer Augenblick in meinem Leben: Am 10.12.1988, am Tag nach meinem Konzert in der ›Sala Nervi‹ im Vatikan, gewährte mir Papst Johannes Paul II., der aus Termingründen der Aufführung nicht beiwohnen konnte, eine Privataudienz.

Auf der Bühne des Liceo

Nach dem Studienjahr 1967/68 kam der Augenblick,
wo ich mich entscheiden mußte: Sollte ich das Chemiestudium fortsetzen und vollenden oder mich endgültig
auf eine Sängerlaufbahn konzentrieren. Der Familienrat trat zusammen. Nach langer Diskussion und nach
Beleuchten aller Perspektiven entschieden wir uns für
die Welt der Oper. Jene der Chemie wäre, ganz ehrlich
gesagt, ohnehin nie die meine geworden.
Die Weichen waren also endgültig gestellt.
Im Herbst 1968 kam ich durch einen komischen Zufall
zu meinem ersten Fernsehauftritt überhaupt. Ein
Freund von mir arbeitete im Hotel Manila in Barcelona,
und eines Tages erzählte er mir, daß Antonín Fernandez Cid dort abgestiegen sei. Cid ist ein bekannter spa-
nischer Musikkritiker, der damals auch eine eigene
Fernsehsendung hatte, in der unter anderem junge
Künstler vorgestellt wurden. Mein Freund redete mir
zu, ich solle einfach in das Hotel gehen und Señor Cid
vorsingen. Das tat ich dann auch. Der Musikexperte
hörte sich einiges von mir an und war offenbar recht angetan. Besonders mein Vortrag von »Amor ti vieta« aus
Fedora gefiel ihm außerordentlich. Er lud mich also ein,
diese Arie in seiner Fernsehsendung zu singen, was
auch geschah. Ich war sehr stolz, da mittun zu dürfen.

Außerdem war es für mich ein Ansporn, daß mir Antonín Fernandez Cid vor meinem Fernsehauftritt in seiner Ansage eine große Zukunft prophezeite.

Ein paar Monate später, es war Ostern 1969, ermunterte mich Juan Ruax, zu einem Vorsingen ins Teatro Liceo zu gehen. Ich wagte es und sang je eine Arie aus *La Traviata* und *Carmen*. Der damalige Direktor Juan Antonio Pamias und sein Assistent unterhielten sich einige Zeit leise, dann meinte Pamias zu mir, das Liceo plane für diese Saison eine große Sache – eine Neuproduktion von Bellinis *Norma*, die große Montserrat Caballé würde erstmals die Titelrolle singen. Ihre Partner seien Fiorenza Cossotto und Mario del Monaco.

Ja, und dann bot er mir die Rolle des Flavio an: »Schauen Sie sich die Partitur einmal an, und sagen Sie mir innerhalb einer Woche, ob Sie das machen können!« Auf diese Frist hätte ich spielend verzichten können, denn in derselben Sekunde hatte ich mich schon entschieden anzunehmen. Der Flavio in *Norma* ist zwar nur eine sehr kleine Rolle, aber neben diesen Stars auf der Bühne zu stehen, das war für einen jungen Künstler eine ganz tolle Sache und natürlich eine Chance, auf sich aufmerksam zu machen. Und ganz nebenbei erwähnte der Direktor noch, er suche auch einen Tenor für eine Neuproduktion von Verdis *Nabucco*. Er traue mir das schon zu …

Ich akzeptierte also das *Norma*-Angebot und erhielt meinen ersten Vertrag. Und eine »gewaltige« Gage: Sie reichte gerade aus, um ein paarmal zwischen unserer Wohnung und dem Theater mit der U-Bahn hin- und herzufahren.

Die Premiere im Januar 1970 wurde zu einem phantastischen Erfolg für die Stars der Aufführung (del Monaco hatte übrigens im letzten Moment abgesagt, an seiner Stelle sang Bruno Prevedi). Aber auch von mir und meiner winzigen Partie nahmen die Kritiker Notiz – sie lobten meine Stimme und stellten mir eine Bühnenzukunft in Aussicht.

Der Einstieg war geschafft. Diese Premiere war aber auch zugleich der Beginn einer der tiefsten Freundschaften meines Lebens, mit Montserrat Caballé. Ihren Bruder Carlos, von dem sie gemanagt wurde, kannte ich schon länger. Wir trafen einander, als ich noch bei Maestro Puig studierte. Carlos war damals zu ihm gekommen, um eine junge Sopranistin zu sprechen. Er hörte mich bei dieser Gelegenheit singen und meinte: »Wann immer du glaubst, mit dem Studium fertig zu sein, sag es mir, wir könnten einiges zusammen machen.«

Nun war es also soweit. Denn immerhin hatte mich nicht nur das Publikum in *Norma* gehört, sondern auch Montserrat Caballé. Ihr gefielen meine Stimme und meine Art zu singen so gut, daß sie mich für ihre nächste Premiere als Partner haben wollte, diesmal aber in einer Hauptrolle.

Ich wußte, für mich könnte das der Durchbruch werden. Natürlich gab es Neider, die sofort meinten, für den Protegé einer Montserrat Caballé sei es keine Kunst, im Liceo zu einer Premiere zu kommen. Aber das störte mich nicht, denn mir war klar, daß die besten Beziehungen nichts nützen, wenn man die geforderte Qualität nicht bringt. Ein Versagen hätte höchstwahrscheinlich den Sturz ins Bodenlose nach sich gezogen.

Das Vertrauen in mein Talent und in mein Können – das werde ich Montserrat nie vergessen. Sicher, man wurde schon vor der Premiere auf mich aufmerksam, weil ein Star wie die Caballé den ausdrücklichen

Wunsch geäußert hatte, einen Newcomer zu engagieren. Wirtschaftlich gesehen war das gewiß kein Nachteil für mich. Was viel mehr zählte, war etwas ganz anderes: Der Aspekt der moralischen Unterstützung. Man muß sich nur vorstellen, was es für einen Anfänger bedeutet, wenn eine Sopranistin von solchem Kaliber an einen glaubt. Das war eine phantastische Hilfe und hat mir Mut gemacht.

Nach *Norma* im Januar sang ich also im selben Jahr meine erste Hauptrolle, den Gennaro in Donizettis *Lucrezia Borgia*. Wie man weiß, verliebt sich der Tenor in dem ziemlich wirren Stück in Lucrezia – ohne zu wissen, daß es sich bei ihr um seine Mutter handelt. Die beste Kritik über meine Leistung in dieser Rolle erhielt ich viele Jahre später von Montserrat selbst. In einem Fernsehinterview meinte sie über diese Premiere lächelnd: »Als Mutter kann man sich einen so guten Sohn nur wünschen!«

Apropos: Ich wurde im Laufe der Jahre oft gefragt, wie sich das auf der Bühne verträgt, wenn das Liebespaar »ungleich« ist. In unserem Fall also ein recht junger Mann und eine Frau, die bei flüchtigem Hinsehen eher mütterlich wirkt. Ich bin mit Montserrat öfter als zweihundertmal aufgetreten. Sie ist eine Frau, der ich auf der Bühne verfalle. Wenn ich mit ihr singe, bin ich als Mann verloren, verliebe mich in sie auf der Stelle. Mehr als jede Primadonna, die ich kenne, ist sie imstande, sich in jene Person zu verwandeln, die sie gerade darzustellen hat. Einfach großartig. Eines der schönsten Beispiele dafür war eine Aufführung von Francesco Cileas *Adriana Lecouvreur* im September 1976 in Tokio. Ich glaube, nie hat ein Sopran neben mir herrlicher gesungen als damals Montserrat.

Die Premiere von *Lucrezia Borgia* im Dezember 1970 in Barcelona betrachte ich jedenfalls als mein echtes Debüt. Die Kinderrollen und viel später der Flavio waren sozusagen das Training dafür ...

So wie es mir Direktor Pamias angedeutet hatte, geschah's dann auch. Ich erhielt die Tenorrolle im neuen *Nabucco*. Regisseur Giuseppe de Tomasi war die treibende Kraft für einen weiteren wesentlichen Schritt in meiner Karriere. Tomasi, ein großer Stimmenliebhaber, riet mir eindringlichst, am Verdi-Gesangswettbewerb in Parma teilzunehmen: »Glaube mir«, meinte er, »du hast dort gute Chancen. Sollte es nicht klappen, hast du wenigstens eine Erfahrung mehr gemacht – immerhin ist ein Antreten in Parma die erste Berührung mit Italien.«

Ich war nicht besonders zuversichtlich. Weniger, weil ich bei meinem bis dahin ersten und letzten Gesangswettbewerb (1968 in Barcelona) nach der ersten Arie freundlich, aber bestimmt nach Hause geschickt worden war, sondern weil Parma eine gefürchtete Opernstadt ist. Jeder hatte damals noch den Skandal um den amerikanischen Bariton Cornell MacNeil in Erinnerung. Er sang dort den René in *Un Ballo in Maschera* und mochte sich mit der Sitte nicht abfinden, daß einzelne unzufriedene Zuschauer schon während des Singens ihren Zorn artikulierten und während des ersten und zweiten Aktes allerlei auf die Bühne riefen. MacNeil verlor im dritten Akt endgültig die Nerven, brach mitten in seiner Arie ab, brüllte »Basta cretini!«, warf ein paar Requisiten ins Auditorium und verließ die Bühne. Was folgte, war ein ungeheurer Tumult. Der Direktor entschuldigte sich beim Publikum für den Sänger und ließ ihn auch in den folgenden Vorstellungen nicht mehr auftreten.

Vor so einem gnadenlosen Publikum sollte ich mich einem Wettbewerb stellen? Tomasi und auch Carlos Caballé überredeten mich schließlich doch, nach Parma zu gehen. Denn eines war mir natürlich klar, der Wettbewerb in Parma zählt zu den wichtigsten. Für viele Kollegen wurden dort die Weichen zur weiteren Karriere gestellt. Mit dem Preisgeld war auch ein Engagement im Opernhaus verbunden.

Die Vorrunde begann im Juli 1971. Ich sang die Romanze des Rodolfo aus Verdis *Luisa Miller* und die Blumenarie aus *Carmen* (obwohl es sich um den »Verdi-Wettbewerb« handelte, durfte man auch Arien aus Opern anderer Komponisten singen). Meine Furcht vor dem Publikum war unbegründet, denn eine Erfahrung machte ich sehr schnell. Im Prinzip sind die Opernfanatiker von Parma sehr großzügig, besonders jungen Sängern gegenüber. Aber wenn etwas schlecht ist, dann zeigen sie ihr Mißfallen viel deutlicher, als es anderswo der Fall sein mag. Es ist weniger ein nicht exakt gesungener oder vielleicht sogar ganz geschmissener Ton, was die Fans laut werden läßt. Was sie wirklich in Rage bringt, ist schlechte Interpretation, schlechter Stil, mangelnde Musikalität.

Mit meiner Leistung erreichte ich jedenfalls das Finale, das im darauffolgenden Oktober stattfand. Ja, und mit der Romanze des Riccardo aus dem letzten Akt von *Un Ballo in Maschera* gelang es mir, den Sieg in dem berühmten Wettbewerb zu erringen.

Mit Parma verbindet sich aber ein Zusammentreffen, von dem ich seit Jahren geträumt hatte – mit meinem großen Vorbild Giuseppe di Stefano. Später erfuhr ich, daß ihn jemand aufmerksam gemacht hatte: Pippo solle unbedingt nach Parma fahren, am diesjährigen Gesangswettbewerb nähme ein junger Spanier teil, der genauso sänge wie er in seinen jungen Tagen ...

Ich erinnere mich noch genau, wie wir junge Sänger ehrfurchtsvoll die Ankunft des großen Tenors verfolgten. Er fuhr mit einem Rolls-Royce vor, begrüßte uns, wechselte mit jedem ein paar freundliche Worte. Wie alle anderen war auch ich sehr aufgeregt und zitterte wie ein Pudding, als der große Pippo vor mir stand. Die Pointe kam freilich erst später. Di Stefano verfolgte das Finale von einer Loge ganz nahe der Bühne – aus den Augenwinkeln konnte ich sein Mienenspiel verfolgen. Nachdem ich die Riccardo-Arie gesungen hatte und als Sieger feststand, kam er zu mir, gratulierte mir, äußerte sich recht zuversichtlich über meine gerade beginnende Laufbahn und meinte dann ganz beiläufig: »Kann es sein, daß du schon einmal eine meiner Platten gehört hast?«

Ich hätte laut herausplatzen mögen vor Lachen ...

Die wahre Bewährungsprobe vor dem Opernpublikum von Parma stand aber noch bevor. Wie versprochen, durfte ich als Wettbewerbssieger in zwei Vorstellungen von Puccinis *La Bohème* den Rodolfo singen. Meine Partnerin als Mimi war Katia Ricciarelli, die den Wettbewerb im Jahr zuvor gewonnen hatte. Alles ging gut, ja sogar so gut, daß man mich einlud, im Jahr darauf die Eröffnungsvorstellung *Un Ballo in Maschera* zu singen. Daran erinnere ich mich auch noch sehr gut, denn es hatte vor der Vorstellung einen Riesenwirbel gegeben, weil zu viele Ausländer in der Besetzung waren. Piero Cappuccilli war der einzige Italiener, meine Amelia sollte die damals noch völlig unbekannte Ghena Dimitrova sein. Es war vor allem die Gewerkschaft, die Schwierigkeiten machte. Aber auch aus dem Stammpublikum waren Stimmen laut geworden, man habe mindestens zehn Tenöre in Italien, die Riccardo in Parma singen könnten, man sei nicht auf einen Spanier angewiesen. Die Vorstellung begann mit großer Verspätung, aber sie konnte stattfinden. Nach meiner Auftrittsarie setzten heftiger Applaus und »Bravo«-Rufe ein – der Abend war für mich gelaufen.

New York – Wien – Mailand

Ich habe nicht vor, die Stationen meiner Karriere hier chronologisch aufzuzählen, jeden Ort und jeden Auftritt minutiös nachzuvollziehen. Ich möchte mich eher auf jene Ereignisse konzentrieren, die ich aus ganz allgemeinen oder sehr persönlichen Gründen für wichtig halte.

Nach meinem Debüt in Barcelona verlief zunächst alles ganz normal, ich klapperte auch etliche kleinere Opernhäuser ab. 1971 trat ich vor allem in Barcelona auf, dann auf Menorca, Teneriffa und schließlich in unserer Hauptstadt Madrid. Ein Rollendebüt aus dieser Zeit fällt aber doch irgendwie aus dem Rahmen, jenes in Verdis *La Traviata*. Es war mein erstes und letztes hinter dem Eisernen Vorhang – ich sang meinen ersten Alfredo 1971 in Prag.

Bis zum Ende des Jahres 1973 debütierte ich außerdem in einer beträchtlichen Zahl von Opern, einige wurden allerdings nur konzertant aufgeführt: *Maria Stuarda, I Lombardi, Lucia di Lammermoor, Rigoletto, La Bohème, Luisa Miller, Don Carlos, Madame Butterfly, Mefistofele, Adriana Lecouvreur, Elisir d'Amore* oder *Tosca*. Am spannendsten in dieser Zeit war wahrscheinlich die konzertante Aufführung von Donizettis *Catarina Cornaro* in der Londoner Royal Festival Hall: Jaime Aragall sollte eigentlich die Tenorpartie singen, doch mußte er aus Krankheitsgründen absagen. Ich wurde angerufen und gefragt, ob ich einspringen könne. Natürlich wollte ich das, die Sache hatte nur einen Haken: Ich kannte das Stück nicht, geschweige denn die Tenorrolle. Aber ich betrachtete das als Herausforderung, vergrub mich in die Partitur und stand sechsunddreißig Stunden später auf der Bühne, um neben Montserrat Caballés Catarina die Rolle des Gerardo zu singen. Trotz ziemlicher Nervenanspannung klappte alles wunderbar.

Mein wichtigstes Auslandsengagement zu dieser Zeit war der Vertrag mit der City Opera in New York. Ich hatte zwar schon da und dort ein wenig Erfahrung sammeln können, aber die Tätigkeit in New York tat der Erweiterung meines theatralischen und musikalischen Horizontes zweifellos sehr gut. In gewissem Sinn war ich natürlich noch ein blutiger Anfänger, und da stellten sowohl die Kollegen als auch die Manager der City Opera für mich eine große Hilfe dar. Man muß bedenken, daß es für einen jungen Sänger doch einen beachtlichen Unterschied ausmacht, ob er sich die ersten Sporen irgendwo in einem kleinen Provinztheater verdient oder an einer renommierten Bühne. Ich hatte also die Gelegenheit, mit einem guten Orchester in guten Produktionen zu arbeiten, ich lernte dort die Wünsche der Komponisten begreifen, mein Geschmack entwickelte sich in eine ganz bestimmte Richtung, ich fand zu meinem Stil.

New York ist natürlich an sich schon ein enorm wichtiger Platz. Die Stadt ist das Fenster zu Amerika und zum Rest der Welt. Wer in New York Erfolg gehabt hat, der tut sich anderswo schon viel leichter. Was mich betrifft, spielte es keine Rolle, daß ich noch nicht an der legendären Metropolitan Opera auftrat. Selbst die kleinere, natürlich keineswegs so berühmte City Opera ist ein herrlicher Ausgangspunkt für eine Karriere. Eine bloße Erwähnung oder gar eine gute Kritik in der New York Times, das ist für einen jungen Künstler ein Traum. Und ich genoß diesen Traum. Was aber besonders wichtig war: Ich lernte erstmals den Repertoirebetrieb kennen, einige Rollen sang ich in der City Opera überhaupt zum erstenmal, zum Beispiel Pinkerton oder Cavaradossi. Während einer Tournee mit der City Opera durfte ich einmal sogar mit der großen Birgit Nilsson in *Tosca* auftreten. Sie nannte mich »mein Baby-Cavaradossi« ...

Fast über Nacht sah ich mich plötzlich in einer bis dahin völlig ungewohnten Rolle – ich konnte mir aus vielen Angeboten die attraktivsten herausfischen. Und so kam es, daß ich wenige Wochen nach meinem siebenundzwanzigsten Geburtstag in rascher Reihenfolge in den bedeutendsten Opernhäusern der Welt auftrat.

Es begann im Januar 1974 mit meinem Debüt an der Wiener Staatsoper, das recht kurios verlief. Ausgerechnet mit der Lieblingspartie aus meiner Kindheit, dem Herzog aus *Rigoletto*, hatte ich an der Donau alles andere als Glück. Im entscheidendsten Moment, am Ende des wahrscheinlich tausendmal von mir gesungenen »La donna e mobile«, blieb mir die Stimme weg – und zwar so, wie es einem wirklich höchstens einmal in zehn Jahren passiert. Und das ausgerechnet in Wien, der Musikstadt schlechthin. Verblüffenderweise verhielt sich das gefürchtete Wiener Stehplatzpublikum völlig ruhig, man spendete mir trotzdem relativ freundlichen Beifall, nicht ein Buhruf ertönte. Dieser Abend, an dem es auch sonst nicht so recht klappen wollte, führte aber immerhin zu einem »Running Gag« zwischen mir und meinem Manager Carlos Caballé. Wenn es später vorgekommen ist, daß ich ein interessantes Angebot ablehnen mußte, weil ich zur selben Zeit in einem anderen Haus Verpflichtungen hatte, pflegte Carlos zu mir zu sagen: »Sing einfach den Herzog, und du bist deinen Vertrag auf der Stelle los!« Um Wien, das später aus mehreren Gründen meine zweite Heimat werden sollte, machte ich jedenfalls vorerst einen (mehrjährigen) Bogen.

Im März 1974 debütierte ich gleich an zwei bedeutenden Opernhäusern: In Londons Covent Garden Opera gastierte ich als Alfredo in *La Traviata*, am Münchner Nationaltheater sang ich als Einspringer für Franco Corelli den Cavaradossi. Und ein paar Monate danach landete ich wieder in New York – diesmal allerdings in der Metropolitan Opera, wo ich mich ebenfalls als Cavaradossi vorstellte. Meine Partner waren Rachel Mathes und der hinreißende Robert Merrill.

Die Serie Wien – London – München – New York innerhalb von nur zehn Monaten fand im Februar 1975 den krönenden Abschluß und Höhepunkt: Mailand.

Es muß nicht eigens betont werden, daß die Mailänder Scala für jeden Opernsänger das erklärte Ziel all seiner Träume ist. Verständlicherweise zählte mein erster Auftritt im wohl berühmtesten Opernhaus der Welt zu den Marksteinen meiner Karriere. Besonders deshalb, weil man mir eine meiner liebsten Rollen angeboten hatte, den Riccardo in Verdis *Un Ballo in Maschera*. Maestro Francesco Molinari-Pradelli sollte dirigieren, Montserrat Caballé war als Amelia, Renato Bruson als René verpflichtet worden.

Kaum in Mailand angekommen, traf ich erneut mit

Giuseppe di Stefano zusammen. Pippo lud mich in seine nahe der Scala gelegene prachtvolle Wohnung zum Essen ein, und ich machte dabei die Erfahrung, daß er nicht nur als Opernsänger außergewöhnlich war. Eine besondere Persönlichkeit, ein ungemein liebenswürdiger, humorvoller Mann, der für die Sorgen und Ängste eines jungen Kollegen immer ein offenes Ohr hatte. Ganz abgesehen davon, daß er im Gegensatz zur überwiegenden Mehrzahl der Tenöre immer gerne auch über Dinge sprach und spricht, die nichts mit der Oper und dem Singen zu tun haben. Die meisten Kollegen interessiert ja in Wirklichkeit nichts außer ihrer Stimme und ihrer Karriere. Pippo hat Hunderte interessante, lehrreiche oder lustige Geschichten auf Lager. Natürlich sind auch solche aus der Opernwelt darunter. Manchmal hatte ich in den Gesprächen den Eindruck, als bevorzuge er bei den Opernhistörchen ausgerechnet jene, bei denen er ganz und gar nicht heldenhaft aussah. Über nichts kann er sich mehr amüsieren als über einen ordentlichen Schmiß oder ein sonstiges Malheur – mit ihm als Hauptperson, versteht sich.

Meine Begegnung mit dem großen Tenor sollte für den Mailänder *Ballo* eine besondere Bedeutung haben. Während der Kostümprobe tauchte di Stefano plötzlich im Theater auf. Nach dem ersten Akt kam er in meine Garderobe und sagte: »Also, hör zu, mit diesem Kostüm kannst du nicht in La Scala debütieren. Es paßt dir nicht, und außerdem sieht es entsetzlich aus. So geht das nicht!« Tatsächlich war das Riccardo-Kostüm für einen wesentlich größeren und kräftigeren Kollegen gemacht worden. Obwohl auch die Scala über erstklassige Schneider verfügt, so war es doch nicht ganz einfach, das große Kostüm auf meine Figur ideal »umzubauen«.

Di Stefano zog mich nach der Probe aus dem Theater, wir gingen abermals in seine Wohnung, und er zeigte mir seinen Privat-Fundus. Unglaublich, es schien, als hingen Hunderte von Kostümen in den Kästen. Lange suchte und stöberte er zwischen Uniformen aller Art, bis er triumphierend eine herauszog: »In diesem Kostüm habe ich meinen ersten Riccardo in La Scala gesungen und damit wirst auch du ihn singen.« Wovon er sprach, war die legendäre Produktion mit Maria Callas, Giulietta Simionato und Ettore Bastianini.

Und so geschah es denn auch. Ich war unsagbar stolz auf dieses Geschenk, das ich bis heute als große Kostbarkeit in meinem Haus aufbewahre. Für die Premiere gab es mir viel Selbstvertrauen, moralische Kraft und Mut. In einem Theater bleibt ja absolut nichts geheim, und so hatte sich auch bald herumgesprochen, daß der »große Pippo« dem jungen Carreras sein »Ballo«-Kostüm verehrt hatte. Die Mailänder Opernfans sahen dem Ereignis gleich mit noch größerer Spannung entgegen ...

Mein Scala-Debüt am 13. Februar 1975 wurde zu einem großen persönlichen Erfolg, zu einem Triumph, wie ich ihn bis dahin nicht erlebt hatte. Das Mailänder Publikum, ebenso kritisch wie gnadenlos, wenn es um eine jener Partien geht, die von jeher Domäne italienischer Tenöre waren, feierte mich, den Spanier, enthusiastisch. Schon nach der ersten Arie wußte ich, daß das mein Abend wird. Ein herrliches unbeschreibliches Gefühl befällt einen in solchen Situationen, du trinkst die Musik förmlich, fühlst dich in jeder Lage bombensicher, die Partner geben genau das, was du erwartest, und du gibst es ihnen deinerseits zurück. Als nach meiner Cabaletta vor dem letzten Bild ein spontaner Aufschrei aus dem Zuschauerrund die Musik für Sekunden übertönte, da war das einer jener Momente, in denen sich selbst bei verwöhnten Künstlern die vielzitierten Nackenhaare aufstellen. Einfach phantastisch.

Ich erhielt blendende Kritiken, und das Ereignis namens *Un Ballo in Maschera* führte mich auf Umwegen mit einem der ganz Großen der internationalen Musikszene zusammen – mit Herbert von Karajan.

Die Arbeit mit Karajan

Wie es dazu kam, daß Herbert von Karajan auf mich aufmerksam wurde, habe ich erst viel später erfahren: Karajans engster Vertrauter, der inzwischen verstorbene André von Mattoni, sowie Karajans langjähriger Assistent Peter Busse hatten bei der Premiere von *Un Ballo in Maschera* im Zuschauerraum der Scala gesessen. Offenbar berichteten die beiden danach dem Maestro, daß es da einen jungen Tenor gab, den er sich einmal selber anhören sollte.

Wie auch immer – zunächst passierte einmal gar nichts. Aber einige Monate später fragte Karajans damaliger Manager Emil Jucker bei Carlos Caballé an, ob ich im April 1976 frei sei. Herbert von Karajan wolle mich für die Salzburger Osterfestspiele engagieren, und zwar für die Tenorpartie in Verdis *Messa da Requiem*.

Welch ein Angebot! Ich hatte zwar unterdessen an den bedeutendsten Opernhäusern der Welt mein Debüt gegeben, aber in Salzburg war ich noch nicht gewesen. Dort zu Ostern oder während der Sommerfestspiele engagiert zu sein, gehört einfach zur Karriere eines Tenors und natürlich eines jeden anderen Sängers. In Salzburg spielen die renommiertesten Orchester der Welt, treten die führenden Dirigenten und Solisten auf. Salzburger Opernproduktionen, ob sie einem nun gefal-

7 Als Hosenmatz vor unserer Auswanderung nach Argentinien: Zu diesem Zeitpunkt hatte ich mit dem Singen noch nichts im Sinn, aber es dauerte nicht mehr sehr lange...

8 Mein allererster öffentlicher Auftritt: Als Achtjähriger ›gastierte‹ ich bei Radio National d'España in einem Rundfunkkonzert zugunsten bedürftiger Kinder. Ich sang ›La donna e mobile‹ und ein katalanisches Weihnachtslied.

9 Als Dirigent und Pianist fühlte ich
mich äußerst wohl. Voller Stolz po-
sierte ich nach meinem Liceo-Debüt
in *El Retablo del Maese Pedro* neben
dem berühmten Manuel Ausensi,
der den Don Quixote gesungen
hatte.

10 Nach meinen ersten Auftritten im Liceo von Barcelona war meine Familie natürlich mächtig stolz auf mich. Meine Eltern (das Bild unten zeigt uns bei einem Gala-Essen nach einer Vorstellung) dachten damals allerdings nicht im entferntesten daran, daß Singen einmal mein Beruf werden sollte.

11 Mit Alberto und Julia in unserem Garten. Der Deutsche Schäferhund Lido, unser erster und langjähriger geliebter Hausgenosse, durfte dabei nicht fehlen.

12 In der berühmten ›Stille Nacht‹-Kapelle von Oberndorf bei Salzburg drehte ich für das Fernsehen 1985 eine Weihnachtssendung. Alberto und Julia besuchten mich damals während der Dreharbeiten.

13 In Barcelona 1970: Das Jahr, in dem ich in der Rolle des Flavio in Bellinis
Norma im Teatro Liceo von Barcelona debütierte und in dem ich meine erste
Hauptrolle dort singen durfte – den Ismael in Verdis *Nabucco*.

14 Giuseppe di Stefano, das Idol meiner Jugend und mein großes Vorbild als Tenor: Diese Aufnahme entstand vor der Premiere von *Andrea Chénier* in der Mailänder Scala am 23. Dezember 1982.

15 Ein Schnappschuß
aus Verona: Mein Sohn
Alberto besuchte mich
während der *Andrea
Chénier*-Serie in der
Arena im Sommer 1986.

16 Dafür ist leider zu
selten Zeit: ein ›Ama-
teurfußballspiel‹ mit
Freunden im Wiener-
wald.

len oder nicht, haben allerhöchsten Standard. Geld scheint bei diesen Festspielen keine Rolle zu spielen.

Jemand hat mir einmal gesagt, man kann das ganze Jahr unbeschadet in der Opernprovinz singen – solange man im Sommer in Salzburg engagiert ist. Aber es kann einer das ganze Jahr an einem größeren Opernhaus singen und trotzdem ein provinzieller Sänger sein. Salzburg macht den Unterschied. Wenn man dann noch das Glück hat, in Karajan-Produktionen dabeizusein, ist das eben eine besondere Ehre. Und natürlich auch gut für das Prestige.

Ich kannte die meisten von Karajans Schallplatten, hatte ihn jedoch bisher noch nie in einem Opernhaus oder in einem Konzertsaal dirigieren gesehen – höchstens im Fernsehen. Einmal gastierte er zwar mit den Berliner Philharmonikern im Musikpalast von Barcelona, aber da war ich gerade nicht in der Stadt.

Daran änderte sich auch jetzt nichts, denn ich sollte den Maestro bis zur ersten Probe für das Requiem nicht zu Gesicht bekommen. Der Grund: Karajan verzichtete in meinem Fall auf das sonst obligate Vorsingen. Das erfüllte mich einerseits mit Befriedigung, machte mich andererseits aber erst recht nervös.

Unser erstes Zusammentreffen werde ich nie vergessen. Zunächst rief mich Karajan in meinem Hotel an, besprach einige Einzelheiten der Partitur, äußerte ein paar besondere Wünsche und meinte dann knapp: »Wir sehen uns morgen um 11 Uhr bei der Probe.«

11 Uhr! Eine schreckliche Zeit, weil sie so überhaupt nicht in meinen Schlafrhythmus paßt. Ich muß das näher erklären: Die Hauptarbeitszeit eines Opernsängers ist natürlich der Abend. Manche Vorstellungen, besonders in südlichen Ländern, enden erst nach Mitter-

nacht. Anschließend sofort schlafen zu gehen ist absolut unmöglich. Auch wenn man die Anstrengung körperlich spürt, so ist man im Kopf doch hellwach. Es dauert eben seine Zeit, bis eine Vorstellung psychisch verarbeitet ist, und es wird daher meistens sehr spät, bis ich ins Bett komme. Ich habe mir angewöhnt, so lange zu schlafen, bis ich von selbst aufwache. Der Körper »meldet« sich schon, wenn er genug hat. Leider kann ich mich nicht immer nach meinem Schlafrhythmus richten. Vielleicht, weil ich ein Flugzeug erwischen muß, Besprechungen oder sonstige Termine dazwischenkommen. Die Proben gehören auch zu diesen Terminen. Aber Probe ist nicht Probe: Auf jene mit Herbert von Karajan bereitete ich mich vor, als ginge es um eine Premiere in einem berühmten Opernhaus. Schon Stunden vorher, so gegen sechs Uhr, stand ich auf und begann, mich einzusingen. Die Stimme muß frei sein, hämmerte ich mir ein, sonst schmeißt er dich gleich hinaus.

Als ich dann mit den anderen Solisten, Montserrat Caballé, Fiorenza Cossotto und Jose van Dam, auf die Bühne des Großen Festspielhauses marschierte, fühlte ich mich elend wie seit langem nicht.

Dann kam Karajan. Bestens gelaunt, für jeden ein freundliches Wort auf den Lippen. Jemand stellte mich dem Maestro vor, er begrüßte mich kurz, dann begann er sofort mit der Arbeit.

Ich glaube, hätte es sich um eine Opernprobe gehandelt, wäre alles leichter für mich gewesen: Der Dirigent in sicherer Entfernung, weil ja zwischen ihm und den Sängern der breite Orchestergraben liegt. Aber so? Bei einer Messe steht man unmittelbar vor ihm. Nur ein Meter zwischen dem Maestro und mir – das war zuviel oder, besser gesagt, zuwenig für mich. Daß beim Verdi-Requiem der erste Solistenton vom Tenor kommt, machte alles nur noch schlimmer. Und so passierte das für mich Fürchterlichste überhaupt. Statt meines »Kyrie eleison« ertönte nur ein heiseres Krächzen – ich brachte keinen Ton heraus. Auch später nicht, es blieb mir nichts anderes übrig, als während der gesamten Probe zu markieren.

Das ist das Ende, glaubte ich, obwohl Karajan mit keiner Miene zu erkennen gab, was er über seinen neuen Tenor dachte. Ich wußte, was von dieser Probe alles abhing, denn schließlich hatte man mir vorher bedeutet, Karajan würde mir möglicherweise im folgenden Sommer die Partie des Don Carlos anvertrauen. Aber das Projekt rückte für mich während dieser Requiem-Probe ins Reich der Utopie.

Nach dem Desaster spendete mir der Maestro zwar ein paar aufmunternde Worte, das änderte jedoch kaum etwas an meiner Niedergeschlagenheit. Ich wagte nicht einmal zu fragen, was nun eigentlich mit mir geschehen würde.

Meine nähere Salzburger Zukunft offenbarte sich mir übers Telefon: Eine mir unbekannte Dame aus der Kostümwerkstatt ersuchte mich um einen Termin. Man wollte an mir Maß nehmen – für das Don-Carlos-Kostüm ...

Mit der (Gott sei Dank sehr erfolgreichen) Aufführung des Verdi-Requiems am 10. April 1976 begann eine wunderbare Zusammenarbeit mit Karajan. Für mich gibt es überhaupt keinen Zweifel, daß die Beziehung zu Karajan die außergewöhnlichste und wichtigste meines künstlerischen Lebens ist. Es hat sicher auch eine Rolle gespielt, daß ich am Beginn dieser Zusammenarbeit noch kein hundertprozentig fertiger Künstler war. Karajan mag das. Das erste Angebot, bei ihm zu singen, war relativ früh gekommen. Für ihn war ich gewissermaßen opern-jungfräulich. Es hat ihn sicher gereizt, einen jungen Sänger mitzuformen. Ich brachte mit meiner Stimme offenbar jene Grundvoraussetzung mit, die sich Karajan wünschte, und darauf wollte er aufbauen.

Das Phantastische an dem Dirigenten Karajan ist, daß man das Gefühl hat, da unten steht dein Vater und dirigiert nur für dich. Man steht auf der Bühne und glaubt, tun und lassen zu können, was man will – er folgt dir mit dem Orchester. Aber in Wirklichkeit ist es genau umgekehrt. Daß man das nicht merkt, zählt zu den großen Geheimnissen von Karajans Dirigierkunst. Man fühlt sich beim Singen ungeheuer frei und sicher, während er einen vom Pult aus gleichsam durch das Stück trägt. Mirella Freni hat das einmal sehr treffend formuliert: »Bei Karajan zu singen ist so, als schliefe man in einem komfortablen Bett.« Ich weiß, daß viele Besucher und die meisten Kritiker den Dirigenten Karajan eindeutig dem Regisseur Karajan vorziehen. Er sei unmodern und konventionell, hört und liest man immer wieder. Schon möglich, aber ich sehe das doch ein wenig anders. Karajan ist ein Theatermann, der genau weiß, wie Bühne und Musik zusammenarbeiten müssen, übereinstimmen müssen. Als Musiker weiß er genau, wozu ein Sänger imstande ist und wozu nicht. Ich habe bei ihm nicht ein einziges Mal erlebt, daß ein Sänger etwas auf der Bühne tun mußte, was gegen die Musik gewesen wäre. Für uns ist das essentiell und bedeutender als der tollste Einfall eines Regisseurs. Wie überhaupt für mich im Zweifelsfall immer die Musik Vorrang hat. Über Karajan wird allgemein gesagt, er sei ein äußerst schwieriger Mensch. Unnahbar, kontaktscheu in der Öffentlichkeit, herrisch und diktatorisch bei der Arbeit. Es ist mir natürlich bekannt, daß es einige Kollegen gab und gibt, die mit ihm nicht nur Probleme, sondern auch handfeste Kräche hatten. Ich kann jedoch nur für mich sprechen – niemals fiel auch nur der kleinste Schatten auf unsere Beziehung. Weder kann ich mich an eine spöttische Bemerkung erinnern, wenn ich einmal einen Fehler gemacht hatte, noch an irgendein böses Wort oder einen abfälligen Kommentar. Selbst dann nicht, sollte mir einmal nicht alles so gelungen sein, wie er es wünschte.

Er war mir gegenüber immer von rührender Anteilnahme. Als ich im Mai 1987 bei einem im österreichischen Fernsehen übertragenen Galakonzert mitwirkte und mit einem Gipsbein auftreten mußte – ich hatte mich beim Tennisspielen verletzt –, rief er mich tags darauf sofort an und erkundigte sich, was los sei. Und während der langen Aufenthalte in den Kliniken von Barcelona und Seattle meldete sich der Maestro immer wieder bei mir, sprach mir Mut zu und schmiedete Zukunftspläne. Für mich ist Karajan auch nicht unnahbar, sondern eher das Gegenteil. Oft hatte ich das Vergnügen, mit ihm über Dinge zu diskutieren, die mit Musik überhaupt nichts zu tun hatten. Außerdem kann er ungeheuer witzig sein, wobei das bedeutet, daß er auch selber Spaß versteht. Ich erinnere mich an einen Vorfall, wo er das bewiesen hat: Er wollte irgend etwas mit mir machen und nannte mir einen Termin. »Es tut mir leid, Maestro«, sagte ich, »aber an dem Tag gebe ich ein Konzert in Oviedo.« – »Was, um alles in der Welt, ist Oviedo?« fragte Karajan mit gespieltem Entsetzen. Und ich, wissend, daß eine der ersten Stationen in Karajans Karriere die deutsche Stadt Ulm war, antwortete: »Das ist so etwas wie Ulm!« Karajan lachte herzlich, während einige Leute aus seiner Umgebung meine Bemerkung wie eine Majestätsbeleidigung empfanden …

Nach einem Salzburger Verdi-Requiem, ich glaube, es war 1978, meinte ein Freund zu mir, unsere Verbeugungstour sei irgendwie komisch anzusehen gewesen. Mirella Freni, Agnes Baltsa, Nicolai Ghiaurov und ich hätten an der Rampe neben Karajan gewirkt wie Schüler, die sich vor ihrem Lehrer fürchten. Und auch so, als ob eine unsichtbare Mauer zwischen uns gestanden hätte.

Der Eindruck war völlig falsch. Was vielleicht wie eine Mauer wirken mag, ist lediglich der Respekt und die Bewunderung für diesen Mann, der als Dirigent für uns alle eine Art höheres Wesen ist. Wie von einer fremden Galaxie. Denn Karajan macht Musik wie kein anderer auf dieser Welt. Alles ist bei ihm logisch aufgebaut, entwickelt sich logisch. Und als Folge dieser Logik erzielt er dann diese ungeheure Tiefe.

Was mich außerdem immer beeindruckt hat, ist seine eiserne Disziplin – er kommt als erster und geht als letzter. In all den Jahren habe ich es kein einziges Mal erlebt, daß er zu einer Probe auch nur eine Minute zu spät gekommen wäre. Es ist daher nur allzu verständlich, daß so ein Mann auch von allen anderen eine derart professionelle Einstellung fordert. Disziplinlosigkeit ist für ihn unentschuldbar. Ich war daher bei den Proben immer bemüht, mit totalem Einsatz bei der Sache zu sein. Daß Karajan diesen Einsatz sehr oft gar nicht verlangt, ist eine andere Sache.

Er hat eine besondere Art, einem Künstler zu zeigen, daß er ihm vertraut, an ihn glaubt. Nämlich indem er ihn schont. Setzte ich etwa zu vollem Singen an, bedeutete er mir mit einer winzigen Geste, es nicht zu tun. So als ob er sagen wollte, mach dich nicht müde, wenn ich dich brauche, melde ich mich schon. So kam es, daß ich während einer dreistündigen Probe manchmal nur eine Minute voll zu singen hatte. Wie wichtig es für einen Künstler ist, Karajans Vertrauen zu besitzen, kann wirklich nur ermessen, wer je in dessen Genuß gekommen ist. Ich will gar nicht leugnen, daß es bei der Arbeit mit anderen Dirigenten lockerer zugehen kann als bei Karajan. Aber mit ihm zu musizieren, eröffnet einem neue Aspekte und Dimensionen der Kunstgattung Oper. Man erfährt Dinge, die man später anderswo selbst einbringen kann, was ich auch gemacht habe. Und wenn man, wie ich, jahrelang regelmäßig von Karajan engagiert wird, bringt das natürlich auch beachtliche Reputation. Selbst jene Opernliebhaber, die mich nicht bevorzugten, mußten sich irgendwann sagen, wenn einer wie Karajan mit Carreras so viel macht, dann muß dieser Tenor etwas Besonderes haben. Auf jeden Fall aber Musikalität und eine professionelle Einstellung zum Beruf.

Karajan hat mir große Aufgaben gegeben. Ab 1976 ging es ja Schlag auf Schlag. Zuerst *Missa da Requiem* bei den Osterfestspielen, dann im Sommer desselben Jahres die *Don Carlos*-Serie. Die Verdi-Oper sang ich bei ihm auch in den Jahren 1977, 1978 und 1986 (Ostern) in Salzburg sowie 1979 und 1980 in Wien.

Das nächste Projekt mit Karajan sollte einer der Höhepunkte meiner Karriere werden: *La Bohème* an der Wiener Staatsoper.

Wie man weiß, haben Karajan und Franco Zeffirelli zu Beginn der sechziger Jahre mit ihrer gemeinsamen *Bohème*-Produktion an der Mailänder Scala Operngeschichte geschrieben. Ich verfolgte die Geschehnisse damals in den Zeitungen. Zuerst der Krach um Giuseppe di Stefano, dem die Scala-Direktion die Tenorpartie der Neuinszenierung versprochen hatte. Karajan hatte aber anders entschieden und den jungen Gianni Raimondi engagiert. Bei der Premiere lieferten die Fans der Tenöre einander ein selten erlebtes Brüll-Duell, aber zuletzt war es doch einer der größten Premierenerfolge, den die Scala je erlebt hatte. Dann übersiedelte die Produktion an die Wiener Staatsoper, wo Karajan damals Direktor war. Wieder sangen Mirella Freni und Gianni Raimondi. Anschließend wurde die Aufführung verfilmt – ich weiß nicht mehr, wie oft ich mir als Student diesen Film im Kino angesehen habe.

Nun also, 14 Jahre später, wählte Karajan mich für den Rodolfo. Nach dreizehnjähriger Abwesenheit von der Wiener Staatsoper war für Mai 1977 das Comeback des Maestro geplant. Damals habe ich zum erstenmal erlebt, was für das Wiener Publikum Oper eigentlich bedeutet. Außer vielleicht in Mailand gibt es nirgendwo eine ähnliche Begeisterung.

Karajan zog ein phantastisches Opernspektakel ab, bescherte der Stadt wahrhaftig Sternstunden der Oper. Je dreimal dirigierte er *Il Trovatore*, *La Bohème* und *Le Nozze di Figaro*. Die Leute hatten sich nächtelang für Sitz- und Stehplatzkarten angestellt, Opern-Wien redete von nichts anderem, es war in totalem Karajan-Fieber.

Karajan eröffnete mit *Il Trovatore*, Pavarotti war sein Manrico. Ich hatte Luciano zwei Jahre zuvor in San Francisco näher kennengelernt – wir waren dort viel zusammen. Man muß nicht erwähnen, daß er ein großartiger Sänger ist. Aber in dieser Zeit in Amerika habe ich festgestellt, daß es etwas gibt, was er noch besser kann:

Pokern. Einfach unglaublich, was ich mit ihm in langen Nächten erlebt habe. Zwei »Teams«, ergänzt durch Jaime Aragall, spielten gegeneinander: Das »Luisa-Miller«-Team mit Luciano und Katia Ricciarelli und das »Butterfly«-Team mit Renata Scotto und mir. Mit Renata habe ich übrigens einmal den ganzen Flug Tokio – Rom durchgepokert. Bereits beim Zwischenstopp in Hongkong konnte sie sich von ihren Gewinnen einen Perlenring kaufen.

Vor der Wiener Premiere also meinte Luciano zu mir, ich solle mir das näher ansehen, um einen Vorgeschmack auf die Reaktionen des Publikums zu bekommen. Das war leichter gesagt, als getan – es war mir unmöglich, eine Eintrittskarte zu ergattern. Also gab mir Luciano eine aus »seinem« Kontingent. So erlebte ich, hoch oben, auf einem hinteren Balkonsitz, eingekreist von italienischen Pavarotti-Fans, Karajans ersten Wiener Auftritt nach so langer Pause.

Als der Maestro den Orchestergraben betrat, ging ein Aufschrei durch das Haus, wie ich ihn noch nie gehört hatte. Minutenlang dauerten die Ovationen, an einen Beginn der Vorstellung war in dem Moment nicht zu denken. Nahezu brüsk drehte sich Karajan plötzlich um, bedeutete einem Orchesterdiener, den riesigen Strauß roter Rosen vom Pult zu nehmen, und hob mitten in den Lärm hinein die Arme. Augenblicklich herrschte absolute Stille – die Aufführung begann.

Fünf Tage später, am 13. Mai 1977, erlebte ich neuerlich dieses Ritual. Nur saß ich diesmal nicht auf dem Balkon, sondern stand selbst auf der Bühne. Die letzten Minuten, bevor sich der Vorhang hob, waren von einer kaum zu beschreibenden Spannung. Mein Herz pochte wie wild, und ich glaube, daß es Mirella trotz ihrer viel größeren und langjährigen Erfahrung mit Karajan nicht viel anders ging. Ein bekannter Wiener Musikkritiker wußte vielleicht gar nicht, wie sehr ein Satz seiner Kritik, die tags darauf erschien, ins Schwarze traf. Da stand: »Zwei Bühnen-Menschen und ihr Dirigent hatten und verursachten Herzklopfen. Auch das gehört zu einem Puccini-Abend von vollkommener Schönheit. Dieser besaß sie.«

Ich kann nicht sagen, ob ich vor oder nach dieser Aufführung irgendwo und irgendwann den Rodolfo besser gesungen habe – ich weiß nur, daß die ganze Atmosphäre dieser Vorstellung so war, wie man es vermutlich nur ganz selten in seiner Karriere erlebt und wie es eigentlich nur in Wien möglich ist.

Die dritte Aufführung von *La Bohème* unter Karajan war dann zugleich die letzte seines Wiener Gastspiels. Als der Vorhang fiel, mochte das Publikum das offenbar nicht wahrhaben. Rund fünfundvierzig Minuten dauerte der Jubel – das ist immerhin länger als der erste Akt von *La Bohème*. Selbst Österreichs damaliges Staatsoberhaupt harrte fast bis zuletzt in seiner Loge aus. Das begeisterte Publikum ließ sich nicht einmal davon beeindrucken, daß sich plötzlich der Eiserne Vorhang senkte – es erzwang durch weiteren Applaus, daß er wieder hochgezogen wurde. Die Sänger mußten aus den Garderoben geholt werden, um sich erneut an der Rampe zu verbeugen. Es war einfach phantastisch. Und als wir im Jahr darauf für *La Bohème* wiederkamen, verlief alles nicht viel anders.

Aber um diese Zeit hatte Karajan längst ein anderes Projekt ins Auge gefaßt: *Aida* bei den Salzburger Festspielen. Er bot mir den Radames an. Kaum wurde das bekannt, redete alle Welt auf mich ein, die Partie komme zu früh, es bestünde Gefahr für meine Stimme etc.

Ich gestehe, daß mir die Entscheidung, den Radames zu singen, nicht leichtgefallen war. Natürlich war mir klar, daß es irgendwie ein Abenteuer war. Aber mit Karajan als Dirigenten wollte ich es wagen. Er hat damals mit mir ausführlich über die Rolle diskutiert, machte mir klar, nicht einen stimmlichen Kraftprotz als Radames haben zu wollen, sondern einen empfindsamen Liebhaber. Zugleich überlegte ich mir: Ein Tenor, der das Liebesduett in *Un Ballo in Maschera* singen kann, warum soll der nicht auch die Nil-Szene bewältigen können? Sicher, die Arie »Celeste Aida« ist sehr schwierig und kommt leider gleich zu Beginn der Oper. Aber hauptsächlich ist es doch eine lyrische Arie. Wie es überhaupt für den Radames im ganzen Stück außerordentlich viele lyrische Stellen gibt, zum Beispiel den ganzen letzten Akt. Andererseits hat natürlich die Gerichtsszene wegen ihrer höheren Lage und dicken Orchestrierung ihre Tücken.

Ich sagte jedenfalls zu. Knapp drei Monate vor der Premiere in Salzburg nahmen wir in Wien *Aida* im Plattenstudio auf (die erste Ensembleprobe fand in Karajans Haus in Mauerbach bei Wien statt). Alles ging glatt, und ich hatte ein gutes Gefühl.

Aber welch ein Unterschied besteht zwischen Plattenstudio und Bühne!

Je näher der Premierentag rückte, desto stärker wurde meine psychische Belastung. Die Nervosität wuchs. Aber Karajan war immer zur Stelle, er schien sogar in meinen eigenen vier Wänden allgegenwärtig zu sein. Schließlich wohnte ich damals in seinem ehemaligen Haus in Anif bei Salzburg, das ich vom neuen Besitzer gemietet hatte.

Das enorme Einfühlungsvermögen des Maestro lernte

ich dann am Premierentag kennen. Um die Mittagszeit dieses 26. Juli 1979 hielt ich es in meinem Haus nicht mehr aus. In ein paar Stunden sollte im Großen Festspielhaus der Vorhang aufgehen – zu dieser *Aida*, auf die jeder wartete, ja lauerte. Galapublikum, internationale Presse, Liveübertragung im Rundfunk ...

Ich lief also in den Wald, wollte mich zerstreuen, allein sein, unerreichbar sein. Wie miserabel meine seelische Verfassung in diesen Minuten war, illustriert eine eher witzige Geschichte: Ich ging eine schmale Straße entlang, als mir plötzlich zwei Motorräder entgegenkamen – eine Polizeistreife. Das wäre die Lösung, schoß es mir durch den Kopf, die kommen, um dich zu verhaften. Von mir aus wegen Mordes oder weiß der Teufel was. Und *Aida* muß abgesagt werden. Die mögliche Schlagzeile »Karajans Radames verschwindet in Salzburger Kerker« erheiterte mich direkt. Im Geist spielte ich die Konsequenzen der Geschichte durch. Aber nach ein paar Sekunden war dieser kuriose Traum vorüber – in Gestalt der zwei Polizisten, die natürlich keinerlei Anstalten machten, mich festzunehmen. Statt dessen sausten sie mit ihren Motorrädern an mir vorbei ...

Als ich eine Stunde später wieder zu Hause war, hatte sich mein Zustand nicht nennenswert gebessert. Aber genau in diesem Zustand rief mich Karajan an: Er könne sich durchaus vorstellen, was jetzt in mir vorgehe, er kenne solche Situationen, aber ich solle mich nur auf ihn verlassen. Wir sprachen einige Minuten, er beruhigte mich, machte mir Mut. Es war einfach unglaublich, Karajans Anruf bewirkte schlagartig meine seelische »Genesung«. Meine Premierenangst war nahezu weggewischt. Dafür bin ich ihm noch heute unendlich dankbar.

Zwei Sommer stand *Aida* auf dem Programm der Salzburger Festspiele, es waren die meistüberbuchten Vorstellungen seit Jahren. Angeblich hätten die Festspiele *Aida* insgesamt sechsmal so oft verkaufen können.

1981 pausierte ich bei Karajan, sang aber in Salzburg einen Liederabend. 1982 gab es in Westberlin eine konzertante Aufführung von *Tosca*, die wir vorher auch auf Platte aufnahmen, dann etliche Aufführungen des Verdi-Requiems an verschiedenen Orten, 1985 erfolgte bei den Osterfestspielen die Premiere von *Carmen* mit Agnes Baltsa. Die Produktion wurde von den Sommerfestspielen übernommen und kam 1986 erneut ins Programm.

Die Schallplatteneinspielung von *Carmen* hatte allerdings schon im Herbst 1983 stattgefunden. Als wir damit fertig waren, sagte Karajan zu mir: »Ich mußte 74 Jahre alt werden, um die Partie des Don José so hören zu können, wie ich es mir immer erträumt habe.«

Eine größere Auszeichnung ist mir bisher nicht zuteil geworden. Denn ich weiß schließlich, wie sparsam Karajan mit Lob umzugehen gewohnt ist.

Im Sommer 1988, wenige Monate nach Karajans achtzigstem Geburtstag, besuchte ich den Maestro auf der Durchreise in Salzburg. Es war für mich das wahrscheinlich rührendste Zusammentreffen nach all den furchtbaren Monaten meiner Krankheit ...

SINGEN MIT DER SEELE

Nach den ungeschriebenen Gesetzen der Oper sind es nur ganz wenige prominente und charismatische Dirigentenpersönlichkeiten – wie eben Herbert von Karajan –, die uns Sänger im Publikumsinteresse verdrängen können. Es ist bestimmt ungerecht, aber alle anderen, die am Zustandekommen einer Aufführung genauso beteiligt sind, stehen in unserem Schatten. Aber so ist es eben, man kann nichts dagegen tun, denn die Menschen auf der Bühne sind nun einmal die Träger des dramatischen Geschehens, sie sprechen mit ihrem Gesang und ihrem Tun die Zuschauer unmittelbar an.

Heutzutage setzt das Publikum im Theater viel bewußter neben den Ohren seine Augen ein. Das Aussehen ist auch durch die rasende Entwicklung und Verbreitung des Fernsehens von größter Wichtigkeit geworden, und – Hand aufs Herz – für viele unserer Vorgänger war die Devise »Nur mit einer bestimmten Körperfülle klingt die Stimme, wie sie soll« eine reine Schutzbehauptung. Aber so ließ sich eben mit etwas ruhigerem Gewissen den kulinarischen Genüssen dieser Welt nachspüren.

Doch selbst das Aussehen eines jugendlichen Hollywood-Liebhabers nützt natürlich nichts, wenn die Stimme nicht da ist. Ihre individuelle Ausprägung macht alles aus – Volumen, Modulationsfähigkeit, Timbre, Beweglichkeit und Umfang. Zuletzt – das war immer mein Wunsch – soll etwas Unverwechselbares herauskommen. Wenn ich als Zuhörer am Radio nicht nach wenigen Sekunden weiß, welcher Tenor gerade singt, dann ist es garantiert kein interessanter Tenor. Das gilt natürlich für Soprane aller Arten, Baritone oder Bässe. Als Studenten liebten wir ein verrücktes Spiel: Jemand spielte bestimmte Stellen von verschiedensten Plattenaufnahmen vor, und wer als erster den Tenor erkannte, kassierte dafür Punkte. Am Ende wurde zusammengezählt, der Sieger durfte sich als Mann mit den besten Ohren feiern lassen…

Bis man eines Tages in den Besitz einer unverwechselbaren Stimme oder eines unverwechselbaren Vortrages kommt, ist ein langer Weg.

Das Wesentliche am Singen ist für mich: Einerseits die Stimme einen Klang produzieren zu lassen – so schön, wie es nur geht innerhalb meiner Möglichkeiten. Zugleich aber eine ganz bestimmte Technik anzuwenden, die mir hilft, so zu interpretieren, wie ich es für richtig halte, wie ich fühle. Also nicht zuerst die Technik und dann alles übrige.

Die Technik als bloßes Vehikel für das Singen – das geht aus meiner Sicht nicht. Auch wenn es das eine oder das andere Mal schwer ist, beim Betonen zum Beispiel. Da kann es dann schon sein, daß ein Ton technisch nicht perfekt klingt, aber dafür stimmt das Wort. Das ist es, was zählt, alles andere bedeutet vergleichsweise nichts. Wenn man sich nur auf die Technik konzentriert, verliert man ja beim Singen die Poesie einer bestimmten Geschichte. Es gibt Sänger, die ihr Künstlerleben hindurch den Eindruck vermitteln, als hätten sie soeben mit Auszeichnung das Konservatorium absolviert. Das ist zwar viel, aber doch zu wenig.

Ich glaube nämlich, die Leute gehen heutzutage der Gefühle und Empfindungen wegen in die Oper. Nicht die Perfektion ist der Magnet. Natürlich, es kann sein, daß eine stupende Technik einem Zuhörer ein ungeheures Hochgefühl vermittelt. Warum nicht. Ich glaube nur, daß das nicht genügt.

Wenn ich mir vorstelle, im Zuschauerraum eines Opernhauses zu sitzen, dann wünsche ich mir, mit dem Sänger auf der Bühne zu kommunizieren. Er muß mich mit dem, was er singt, erreichen, in mir Empfindungen, Gefühle aller Art erwecken. Darum geht es. Also ist für mich als Tenor der logische Weg: Herz, Hirn, Stimme. Anders gesagt, das Herz diktiert mir sozusagen, was ich ausdrücken will. Es gibt den Zuhörern alles, aber wirklich alles, was in mir drinnen ist. Vom Herzen kommende Gefühle müssen der Motor sein, sonst nichts. Danach tritt das Hirn in Aktion. Es kontrolliert die Abläufe, sagt mir, mach nicht zuviel oder zuwenig, tu dies oder jenes. Mach es auf diese Art, denn das ist gut und richtig, das ist der Weg, den du selber willst etc. Dann erst kommt die Stimme, die mit Hilfe der Technik all die Empfindungen des Herzens und die Befehle des Hirns vollzieht. Sie ist somit nur das Vehikel für den Ausdruck.

Der gesamte Vorgang läßt sich für mich am ehesten mit den Worten zusammenfassen: Singen mit der Seele.

Ich weiß nicht, wie viele meiner Kollegen ebenso denken, aber bei mir kann Singen nur *so* funktionieren. Zugleich ist das aber das Problem der Oper heutzutage. Wir haben viele gute Sänger, aber die meisten können Gefühle nicht vermitteln und daher auch bei den Zuhörern keine erwecken. Es ist mir natürlich bekannt, daß allein der Klang und die Farbe einer Stimme für be-

17 Der Rodolfo in Giacomo Puccinis *La Bohème* zählt zu meinen liebsten Rollen. Dieses Bild entstand 1976 in der Londoner Covent Garden Opera.

18 Meinen ersten Rodolfo in *La Bohème* sang ich 1972 im Opernhaus von Parma – der Auftritt folgte dem von mir dort gewonnenen Verdi-Gesangswettbewerb.

19 Als Gennaro in Gaetano Donizettis *Lucrezia Borgia* 1970 im Opernhaus von Barcelona: Zum zweitenmal stand ich neben der großen Montserrat Caballé auf der Bühne – diesmal jedoch in einer Hauptrolle.

20 Mit Montserrat Caballé in Gaetano Donizettis *Roberto Devereux* 1977
beim Festival von Aix-en-Provence.

21 Weihnachtsbenefizkonzert zugunsten eines Krankenhauses in Ravenna: Mit
Mirella Freni, einer meiner liebsten Partnerinnen.

22 Aus Comencinis *La Bohème*-Verfilmung, von der es mit mir als Rodolfo nur
wenige Filmminuten gibt – mein Marcello ist Gino Quilico.

23 Ein exklusiver Klavierbegleiter: Riccardo Muti bei dem Benefizkonzert in Ravenna am Flügel.

24 Mit Maestro Herbert von Karajan: Das Foto entstand 1982 während der Schallplatteneinspielung von *Carmen* in Berlin.

25 Dieses Bild mit meinen Tenorkollegen Giuseppe di Stefano und Luca Canonici – er spielte in dem *Bohème*-Film den Rodolfo für mich – entstand am 8. Oktober 1988 in Barcelona.

26 Mit Maestro Lorin Maazel, dem damaligen Direktor der Wiener Staatsoper, bei der Verleihung des Titels ›Kammersänger‹ 1984.

27 Riccardo Chailly, Dirigent der Mailänder *Andrea Chénier*-Premiere 1982, und Piero Cappuccilli nach der Aufführung.

28 Mit Rudolf Schock (†) und Anna Moffo bei einer Fernsehshow in Dortmund.

29 Ein ehrenvoller Besuch: Mit Sara Giordano, der Witwe des Komponisten Umberto Giordano. Sie besuchte mich 1982 nach der Premiere von *Andrea Chénier* in der Mailänder Scala.

stimmte Zuhörer ein großes emotionelles Erlebnis sein können, doch um wieviel schöner müßte das für diese Leute erst sein, wenn ihnen dazu auch noch das Schicksal einer Bühnenfigur vermittelt wird.

Es ist für mich als Sänger schwierig, ja eigentlich unmöglich, über bestimmte Kollegen zu sprechen und über sie zu urteilen. Selbst bei Außerachtlassung eines möglichen Konkurrenzverhältnisses bliebe ein übler Beigeschmack. Ich muß daher darauf verzichten, Namen zu nennen, obwohl ich weiß, daß Namen erst die Würze ausmachen...

Es gibt beispielsweise einige Sängerinnen, von denen ich ganz genau weiß, daß ihnen mit einer gewissen Regelmäßigkeit Töne mißlingen oder daß sie gar welche auslassen. Es ist aber so, daß mich das überhaupt nicht stört, weil sie traumhafte Interpretinnen sind, weil mich ihr Ausdruck sehr stark berührt oder als Partner ungeheuer mitreißt. Welche Rolle spielt in solchen Momenten ein Fehler? Absolut keine.

Ich finde überhaupt, daß eine Karriere ohne Fehler langweilig ist. Und Fehler können unter anderem darin bestehen, daß man falsche Partien singt. Aber das ist eben das Risiko. Was mich betrifft, so bin ich Risiken immer gerne eingegangen – nicht nur auf der Opernbühne. Ich würde es als unerträglich empfinden, andauernd daran denken zu müssen, daß die Karriere vielleicht ein bißchen kürzer dauert, wenn man dieses und jenes macht. Das wäre der klassische Fall der Routine-Karriere: Du suchst dir aus, was das Günstigste für dich und deine Stimme ist, und das praktizierst du dann dein Sängerleben lang. Während die anderen schon in Pension gegangen sind, kannst du auf diese Weise immer noch präsent sein. Nein danke, darauf kann ich liebend gerne verzichten, es würde mich langweilen. Meine Devise war von Anfang an, lieber zehn Jahre kürzer, aber dafür ehrlich zu singen.

Ich kenne Kollegen, die singen jede Note exakt und mit scheinbarer Leichtigkeit. Alles sitzt, alles paßt. Aber was hat das mit Musikalität zu tun? Sehr oft gar nichts, und man merkt das spätestens dann, wenn der Sänger durch irgendein unvorhergesehenes Ereignis aus dem (musikalischen) Tritt gebracht wird. Dann gerät er, gleichsam ein wandelndes Metronom, in ziemliche Turbulenzen.

Andere hingegen sind so musikalisch, daß man gelegentlich meinen möchte, sie hätten das Stück, in dem sie gerade singen, höchstpersönlich komponiert. Nichts und niemand kann sie aus der Fassung bringen. Gesangstechnische Puristen mögen noch so sehr aus diesem und jenem Grund an ihnen herumnörgeln – in der Regel wird ihnen zumindest eines nicht gelingen, nämlich einen solchen Sänger jemals des Falschsingens zu überführen.

Ich zähle mich zu jener Gruppe von Sängern, die sich jede Note »bauen«, damit es so klingt, wie sie wollen. Sie denken beim Singen sehr intensiv an die Story, an die Rolle eben. Was dann beim Zuhörer den Eindruck der Mühelosigkeit oder Selbstverständlichkeit erweckt, ist in Wahrheit das Resultat einer enormen Kopfarbeit. Aber so soll's ja sein, dem Publikum kann schließlich egal sein, wie etwas zustande kommt, es ist am Endergebnis interessiert.

Welche Umstände es einem verdammt schwer machen können, zur gewünschten Interpretation zu gelangen, erlebte ich vor Jahren bei einem Gastspiel im Budapester Erkel-Theater. In Donizettis *Lucia di Lammermoor* sangen außer mir alle Kollegen (sogar Karola Agai, meine Lucia) und natürlich auch der Chor in ungarischer Sprache. Das ungewohnte Hörerlebnis irritierte mich ein wenig, außerdem fiel die »Stichwort-Hilfe« aus (ich verstand meine Partner ja nicht), weswegen ich alle anderen Partien im Kopf mitsingen mußte. Deshalb suchte ich auch zum Dirigenten intensiveren Kontakt als sonst, doch da hatte ich die Rechnung ohne den Regisseur von *Lammermoori Lucia* – so der ungarische Titel – gemacht. Dessen Anweisung an den Chor bestand offenbar vor allem darin, den armen Edgardo fortwährend einzukreisen. Da mir dadurch der Blick auf den Dirigenten unmöglich gemacht wurde, entfloh ich dem Chor ebenso hartnäckig, wie er mich wieder einholte und abermals einkreiste – wir wogten auf der Bühne hin und her. Trotzdem oder vielleicht gerade deswegen gelang mir dieser Abend sehr gut. Ich nahm eben diese ungewöhnliche Herausforderung an und fand über all den Schwierigkeiten zu einer Interpretation, für die ich mich nicht zu genieren brauchte.

Ein anderer »Ablenkungsfall«, der allerdings eher geeignet war, Gelächter ausbrechen zu lassen, ereignete sich an einem Abend im Opernhaus von San Francisco. 1977 sang ich dort *Un Ballo in Maschera*, meine Partnerin war Katia Ricciarelli. Während des Liebesduetts fiel mir plötzlich auf, daß sich Katia immer weiter von mir in Richtung eines Pfeilers entfernte. Möglichst unauffällig folgte ich meiner Amelia, die mir im passenden Moment zuraunte: »Ich verliere meinen Unterrock.« Während wir, so konzentriert es nur ging, weitersangen, versuchte Katia im Schutze des sie verdeckenden Pfeilers das schon bis zu den Knien herabgerutschte Kleidungsstück durch Schütteln endgültig loszuwerden. Aber es gelang nicht. Aus der Gasse daneben – vom Publikum natürlich ungesehen – verfolgte mein Sekretär Fritz die Szene und machte das einzig richtige: Er arretierte den am Boden schleifenden Unterrock mit dem Fuß, und als Katia wieder auf mich zuging, blieb der Rock hinter dem Pfeiler zurück. Daß sich so etwas ausgerechnet während einer musikalisch besonders heiklen Passage ereignen mußte, war natürlich besonderes Pech. Aber es ging trotzdem alles gut, herzlich lachen konnten wir allerdings erst nachher.

Weit weniger lustig, genaugenommen sogar gräßlich, endete dieses Liebesduett in einer Aufführung an der Mailänder Scala, in der Montserrat Caballé die Amelia sang. Beim Schlußton versagte ihr die Stimme und – mir auch. Es kam absolut nichts, nur Luft. Ich vermute, so etwas wird in der Operngeschichte nur ganz selten passiert sein. Das Publikum war jedenfalls so verblüfft, daß es uns sehr gnädig behandelte...

Doch zurück zu den grundsätzlichen Fragen und Problemen des Sängerberufs. Es wird für uns immer schwerer, perfekt zu sein. Es gibt herrliche Studioproduktionen auf Schallplatte, es gibt perfekte Filme in Kino und Fernsehen – all das vermittelt höchsten Standard der ausübenden Künstler. Leute, die in die Oper gehen, haben alle Möglichkeiten, die verschiedensten Vergleiche anzustellen. Wer nur dieser erwarteten Perfektion wegen in die Oper kommt, wird ohnehin sehr enttäuscht sein, weil sie ihm dort kaum geboten werden kann. Wenn aber mehr über die Rampe in den Zuschauerraum kommt als nur schön produzierte Töne, dann werden die meisten gerne auf letzte Perfektion verzichten. Womit natürlich keineswegs gesagt werden soll, daß man sich deshalb nicht um Perfektion zu bemühen braucht.

Ich erinnere mich sehr genau an die Zeit, als ich selber nur Opernbesucher war. An die Diskussionen über die Qualität von Sängern und die manchmal geradezu wütenden Auseinandersetzungen unter uns Stehplatzbesuchern. Tatsächlich ist es aber nur scheinbar ein Phänomen, daß ein Künstler von einer Gruppe fast abgöttisch geliebt, verehrt und bewundert wird, während ihn andere für schlecht, wenn nicht gar indiskutabel halten. Das Geheimnis ist zumindest für mich leicht zu lüften: Es war immer eine bestimmte Frau oder ein bestimmter Mann auf der Bühne, der mir jene Gefühle vermittelte, auf die ich ansprach.

Ich möchte es so sagen: Bei manchen Künstlern dachte ich, der singt nur für mich, ganz allein für mich – es machte »klack« im Kopf, und ich war sein Fan geworden. Ich muß an dieser Stelle wieder auf di Stefano zurückkommen. Wenn ich hörte, wie er »Che gelida manina« sang, allein diese drei Worte, war das für mich mehr, als alle anderen jemals zustande bringen konnten. Auf das »Wie« kam es mir an. Berührte mich die Stimme innerlich nicht, konnte ich sie auch nicht lieben. Bestenfalls war es mir möglich, die phantastisch funktionierende Maschinerie einzelner ganz großer Stars zu bewundern. Aber zum Lieben brauchte ich auch Herz und Seele in der Stimme. Und daran hat sich für mich bis heute nichts geändert. Da Empfindungen in den Menschen höchst individuell ausfallen können, ist es einfach unmöglich, eine allgemeingültige »Wertskala« aufzustellen – zum Glück. Jeder wird also weiter auf »seinen« Sängertyp schwören.

Ich weiß, daß für manche Besucher Oper auch so etwas wie ein Zirkus ist, in dem der Tenor der Trapezkünstler (und manchmal gleich der Clown dazu) ist. Wenn einer den dreifachen Salto anstelle des sonst üblichen zweifachen vorführt, dann gefällt das den Leuten natürlich. Und wenn dieser dreifache Salto noch höher, noch spektakulärer gelingt, dann gefällt es ihnen erst recht. Das trifft aber meist nur bei jenen Stücken zu, die die Leute gut kennen – kein Mensch wartet schließlich auf ein hohes C, wenn er gar nicht weiß, ob überhaupt eines kommt.

Offenbar ist es unvermeidlich, daß jeder von uns Sängern laufend mit anderen verglichen wird. Mir ist das nicht sonderlich sympathisch, weil die Kunst plötzlich geradezu sportlichen Wettbewerbscharakter erhält. Es findet ein im Grunde unzulässiger dummer Wettbewerb statt, zwischen Leuten, die nicht nebeneinander und überdies noch zu ganz anderen Zeiten auftreten. Eine Art Fernduell. Unsere Zeit kommt offenbar ohne Vergleiche und Superlative, mögen sie noch so an den Haaren herbeigezogen sein, nicht mehr aus. Kategorien wie der »Größte«, der »Schönste« oder der »Beste« sollte man eigentlich vermeiden. Aber offenbar ist ein solcher Wunsch utopisch.

Für mich gibt es drei Hauptgruppen von Opernfans:

Zunächst einmal jene Leute, die nur der hohen Töne wegen kommen und sich für den Rest nicht interessieren.

Dann jene, die große und mächtige Stimmen lieben und denen es völlig egal ist, was und wie diese Stimme singt.

Und schließlich jene, die das wollen, was man beim Singen Kultur nennt.

Natürlich wäre die ideale Kombination ein kultiviert singender Künstler mit Riesenstimme und Bombenhöhen. Es müßte herrlich sein, das alles zu haben, aber es ist nicht möglich. Zumindest ich kenne ein solches Phänomen nicht. Doch eine der drei Eigenschaften braucht man unbedingt für eine Karriere. Für mich als Zuhörer wäre freilich ein Tenor uninteressant, der beispielsweise in *Il Trovatore* die Stretta mit einem fulminanten hohen C krönt, dafür aber über die Raffinessen von »Ah si ben mio« drübersingt, Piano- und Legatomarkierungen ignoriert oder das Finalterzett zerbrüllt.

Bleiben wir einen Moment bei dieser Stretta, denn sie ist ein markantes Beispiel für Schizophrenie in der Oper. Verdi schrieb den Tenören mit dem Manrico eine herrliche Rolle – das A ist die höchste Note. Ideal also für Tenöre, die keine ausgesprochenen C-Artisten sind, und das ist eindeutig die Mehrzahl.

Nun hat sich aber irgendwann eingebürgert, am Schluß der Stretta das mittlerweile vielleicht berühmteste hohe C der Opernliteratur zu singen. Das Publikum wartet auf diesen Ton, was selbstverständlich Streß und Nervosität eines jeden Sängers beträchtlich erhöht. Wie überhaupt unsere Belastung bei sehr bekannten Stücken, den sogenannten Gassenhauern wie »La donna e mobile«, »Che gelida manina« etc., am allergrößten ist. Auch das ist oft die Ursache, daß eine Arie mißlingt oder eben der gewisse Ton in der Stretta. Das Fatale ist jedoch: Durch eine geschmissene Stretta kann man heutzutage mehr verlieren, als man durch einen sonst fabelhaften Abend gewinnen kann. Als wir einmal im Kollegenkreis über diesen Punkt diskutierten, meinte jemand scherzhaft: Das beste wäre, wenn die Opernhäuser auf ihren *Trovatore*-Plakaten annoncierten: »Bei uns Stretta mit hohem C«, oder eben: »Bei uns Stretta ohne hohes C«. Jeder Besucher könnte sich dann aussuchen, was ihm lieber ist…

Trotzdem bin ich sicher, daß der überwiegende Teil der Besucher deshalb jeden Tag in die Oper kommt, weil er sehen will, was ein Künstler eine ganze Vorstellung hindurch macht und nicht nur während einer Arie. Schließlich muß man jede Note singen, nicht nur die, die einem gerade in den Kram passen. Oder solche, die gar nicht geschrieben sind.

Mein »Königspoker«

Die Stunde der (musikalischen) Wahrheit schlägt – aus meiner Sicht – fast mehr im Konzertsaal als auf der Opernbühne. Ich liebe es, Konzerte zu geben, meine damit aber nicht Arienabende mit einem Allerweltsprogramm, mit Opernschlagern, bei denen jeder Zuhörer mitsingen könnte. Gewiß, auch das hat seinen Reiz, man kann dabei als Künstler, besonders als Tenor richtiggehend »abräumen«, denn ein Teil des Publikums will sich mit unbekannteren Stücken oder Arien gar nicht auseinandersetzen. Sie wollen Altbekanntes.

Ein Recital – verglichen mit einem Opernabend – bietet eine völlig andere Art, sich dem Publikum zu präsentieren. Bei der Oper stehe ich auf der Bühne, habe meine Partner neben mir beziehungsweise die Musiker und den Dirigenten im Orchestergraben. Ich bin kostümiert, geschminkt, trage vielleicht – wenn ich Pech habe, weil ich das nicht mag – eine Perücke, bin meistens in Bewegung.

Beim Liederabend ist alles anders. Ich stehe allein auf dem Podium, immer auf demselben Platz, nur den Pianisten und sein Instrument neben mir. Ich habe einen Frack an – und doch fühle ich mich nackt, dafür bin ich aber dem Publikum in einer äußerst positiven Weise ausgeliefert. Und jetzt kommt das besonders Attraktive:

Jedes Lied, das man singt, bedeutet eine eigene Welt. Jeder Komponist, jede Stilrichtung ist etwas Eigenes. Als Sänger habe ich daher bei der Vorbereitung des Liederabends die wunderbare Gelegenheit, ein Programm zu gestalten, das ganz meinen Stempel trägt. Ein Programm, das meinen stimmlichen Qualitäten und meiner Interpretation am ehesten entspricht. Meine Absicht ist ja, das Publikum mit meiner Stimme und meiner Ausdruckskraft zu gewinnen, und dafür eignet sich ein Liederabend am ehesten. Zugleich bringt er aber auch sehr große Probleme. Der kleinste Fehler, der in der Oper oft unbemerkt bleibt, fällt den Kennern im Konzertsaal sofort auf.

Der Grund, warum romantische und melancholische Lieder in meinen Programmen dominieren, liegt auf der Hand – ich bin als Mensch eher romantisch und melancholisch als sonst etwas. Deshalb erreiche ich bei solchen Liedern eine viel echtere Interpretation als bei leichter Musik. Das hat nichts mit deren Qualität zu tun, sondern nur mit meinen Interpretationsmöglichkeiten.

Ich neige zur romantischen Musik und demgemäß in der Oper mehr zu romantischen Figuren. Ich bin und bleibe ein lyrischer Tenor, auch wenn ich einige Zwischenfachrollen wie Carlos, Chénier, Don José, Alvaro etc. mit größtem Erfolg gesungen habe. In meinem Innersten sehne ich mich doch mehr nach romantischen Partien wie Rodolfo oder Nemorino.

Beim Studium einer neuen Partie spielen diese Neigungen allerdings nur eine untergeordnete Rolle. Mir fällt das Lernen normalerweise sehr leicht. Zuerst gehe ich mit einem Pianisten die Partitur durch, dann entscheide ich für mich, wie ich sowohl musikalisch als auch charakterlich am besten an die Rolle herangehe.

Stücke von Verdi oder Donizetti kann man in ein paar Tagen lernen – ich meine musikalisch und technisch. Das ist prinzipiell kein Problem. Etwas ganz anderes ist natürlich, der Rolle die richtige Dynamik, den richtigen Ausdruck zu geben. Schließlich ist es nicht damit getan, einfach Noten zu singen.

Hat man den seiner Meinung nach richtigen Weg gefunden, heißt das aber nicht: So werde ich ewig diese Rolle singen. Nein, selbstverständlich kommen laufend neue Dimensionen hinzu – die Bühne ist ein guter Lehrer. Es mag zwar lehrreich sein, eine neue Rolle mit einem Pianisten zehnmal durchzusingen, aber erst auf der Bühne sieht man, wie schwer es ist, möglichst alles richtig zu machen. Der Unterschied ist ganz enorm, auch weil plötzlich ein Orchester spielt und weil man Partner neben sich hat, auf die man eingehen muß. Manchmal muß man den musikalischen Part anderer Rollen sehr genau kennen, sonst entsteht ein Durcheinander. Das Publikum denkt oft, am schwierigsten ist es, nicht irritiert zu werden, wenn die Partner etwas ganz anderes singen. Für mich ist das nie ein Problem gewesen. Innerhalb einer Harmonie singen ja alle, das einzige, was man macht, ist, mit unterschiedlichen Intervallen zu singen. Man muß musikalisch mit den Partnern zusammenbleiben, und da zeigt sich, ob jemand ein guter Sänger ist oder nicht. Der schlechte geht stur seinen Weg und ignoriert die anderen, er hört überhaupt nicht zu. Ein musikalischer Sänger, der es nicht nötig hat, innerlich den Takt mitzuzählen, macht das nicht so. Und deshalb kann er jederzeit auf die anderen reagieren.

Mit einem guten Dirigenten ist es erst recht kein Problem, nicht außer Takt zu geraten oder plötzlich in ein totales musikalisches Chaos hineingezogen zu werden. Opernbesucher, die keine ausgesprochenen Experten sind, bemerken meist gar nicht, wenn es zwischen Dirigentenpult und Bühne Unstimmigkeiten gibt. Aber es können die verrücktesten Dinge passieren, wenn irgend jemand – unten im Orchester oder oben auf der Bühne – die Nerven verliert. Ich habe Kolleginnen erlebt, die in der Pause oder nach Ende der Vorstellung wie Furien auf schlechte Dirigenten losgegangen sind und sämtliche Eide geschworen haben, nie wieder mit ihnen zu arbeiten. Ich habe Dirigenten über undisziplinierte Sänger toben gesehen und brüllen gehört, ja mir ist aus der Scala sogar ein Fall echter Handgreiflichkeiten bekannt.

Doch all das sind wirklich nur Ausnahmen, speziell bei den großen Dirigenten ereignen sich kaum nennenswerte Zwischenfälle. Zu Recht werden sie groß genannt, denn bei ihnen diskutieren Künstler wie auch Publikum über Interpretationen und nicht über Marotten oder Flausen, Schmisse oder Ausstiege. Ob sie Karajan oder Bernstein heißen, Abbado oder Muti, Kleiber oder Maazel, Giulini oder Levine, um nur einige zu nennen – jeder von ihnen hat ein ganz bestimmtes Charisma, doch keiner von ihnen hat wirklich ein »Geheimnis«. Es handelt sich eben um unglaublich musikalische Menschen, die ihr Handwerk souverän beherrschen und außerdem ganz starke Persönlichkeiten sind. Steht so ein Dirigent am Pult, dann spielt jedes Orchester um eine Klasse besser, weil die einzelnen Musiker konzentrierter bei der Sache sind. Umgelegt auf die Bühne gilt das auch für Solisten und Chor. Auch hier ergibt sich eine faszinierende Wechselwirkung. Wir fühlen uns von einem herrlich spielenden Orchester angestachelt, das

Orchester spielt mit größerem Feuer, wenn die Sänger gut sind – es entsteht das, was man Spannung nennt. Und Urheber des Ganzen ist der Dirigent, sofern er eben überdurchschnittlich ist. Leider gibt es in unserer Zeit nur ganz wenige Orchesterleiter solchen Formats.

Wie herrlich mit ihnen zu arbeiten ist, doch auch wie unterschiedlich, lernte ich bei Verdis *Messa da Requiem*. In der gesamten Musikliteratur zählt dieses Requiem zu meinen liebsten Stücken. »Totenmessen gibt es schon so viele, es ist unnütz, ihnen noch eine hinzuzufügen«, hatte Verdi einmal selbst geäußert – wir dürfen froh sein, daß er es sich später doch anders überlegt hat und eine der gewaltigsten Messen der italienischen Musik geschaffen hat. Ich widerspreche nebenbei der allgemeinen Behauptung, es handle sich um eine »Totenoper«, also um ein höchst theatralisches Werk. Nichts an *Messa da Requiem* ist theatralisch, doch alles ist dramatisch. Das ist ein großer Unterschied, Verdi war vielleicht der erste Komponist, der dramatische Elemente aus seinem Opernschaffen in die religiöse Sphäre hat einfließen lassen.

Ich hatte das Glück, *Messa da Requiem* mit vier großen Dirigenten unserer Zeit mehrfach aufzuführen: Herbert von Karajan, Carlo Maria Giulini, Claudio Abbado und Riccardo Muti.

Karajan war der erste, bei ihm in Salzburg lernte ich, den Tenor-Part des Requiems zu singen. Zunächst mit Montserrat Caballé, Fiorenza Cossotto und José van Dam, dann mit Mirella Freni, Fiorenza Cossotto und Nicolai Ghiaurov als Partner, später mit Anna Tomowa-Sintow, Agnes Baltsa, und wieder José van Dam. Dann kam Giulini (die anderen Solisten waren Katia Ricciarelli, Brigitte Fassbaender, Ruggero Raimondi), dann

Abbado (Margaret Price, Jessye Norman, Ruggero Raimondi), dann Riccardo Muti (Jessye Norman, Agnes Baltsa, Ruggero Raimondi). Mit ihm führte mich der Zufall zusammen: Kurz vor einer *Lucia*-Vorstellung an der Wiener Staatsoper rief mich der Maestro aus München an und bat mich, für seinen erkrankten Tenor, es war Veriano Lucchetti, einzuspringen. Noch in der Nacht fuhr ich nach München, am nächsten Morgen fand nur eine kurze Klavierprobe statt, dennoch wurde es eine äußerst eindrucksvolle Aufführung. Wir machten das Requiem dann noch einmal zusammen, und zwar in Florenz mit Elisabeth Conell, Agnes Baltsa und Kurt Rydl.

Ich will hier nicht den Kritiker spielen und sagen, der und der war der beste für mich als Sänger oder dieses Orchester war weniger gut als das andere. Eine Reihenfolge zu treffen ist da schon reine Geschmackssache, denn jede der vier Interpretationen war auf ihre Weise wunderbar und für mich eine große Erfahrung. Karajan erzielt durch Dynamik und das Herausarbeiten von Farben ungeheure Tiefe, und ich denke mir bei ihm oft, so könnte Verdi es gewollt haben, bei Abbado scheint der Intellekt mehr im Vordergrund zu stehen, bei Muti das Feuer, und Giulinis Weg ist sicher der am meisten introvertierte. Doch jedem von ihnen gelingt es auf seine Art, den Zuhörern das Irrationale und Mystische dieses gewaltigen Stücks zu vermitteln.

Karajan, Giulini, Abbado und Muti als Dirigenten von *Messa da Requiem* sind, wenn ich das ein wenig salopp formulieren darf, der »Königspoker« meiner Karriere.

DAS SPIEL KANN BEGINNEN

Zum Beruf eines Schauspielers oder Opernsängers gehört auch eine gewisse exhibitionistische Ader – man muß Lust verspüren, sich vor Zuschauern zu produzieren. Wer schon beim Gedanken an einen Auftritt zu leiden beginnt, wird ohnehin freiwillig darauf verzichten. Egal, ob er in einem Betrieb eine Rede halten oder ob er vor einem größeren Kreis etwas vortragen soll. Wir können es schon bei kleinen Kindern beobachten, die ein Gedicht aufsagen: Manche tun es voll Inbrunst und Begeisterung, anderen sieht man an, daß sie am liebsten im Erdboden versinken würden.

Ich würde mich selbst eher bei den Introvertierten einreihen, wäre für mich nicht das Singen eine so große Ausnahme. Denn beim Singen bin ich mehr als extrovertiert. Da öffne ich mich hundertprozentig, gehe total aus mir heraus, gebe alles und lege meine innersten Gefühle bloß.

Beim Spiel verhält es sich nicht so, weil ich ständig Angst habe, zu viel zu tun. Der Grat zwischen intensivem Spiel und schlechter Show ist sehr, sehr schmal. Was nützt es mir, zu wissen, wie toll eine bestimmte Art von Show bei vielen Zuschauern ankommt – ich wäre nicht ich selbst, mehr noch – ich wäre unehrlich zu mir selbst. Es existiert eine imaginäre Tür, die ich niemals öffne. Selbst wenn das Hirn befiehlt, das Gegenteil zu tun, so verhindert ein undefinierbarer Mechanismus in mir, diesem Befehl »von ganz oben« zu folgen. Es ist gegen mein Gefühl, und ich bin auch zu scheu dazu.

Das, worauf es in der Oper vor allem ankommt, ist und bleibt der Gesang und die musikalische Interpretation. Beides hängt aber auch stark davon ab, wie sich die Partner auf der Bühne verhalten. Ich finde es phantastisch, wenn ich mit einem Sopran singe, der musikalisch in bestimmten Szenen ganz genau so reagiert, wie ich es in dieser Sekunde erwartet habe. Dementsprechend »richtig« wird auch meine nächste Reaktion ausfallen.

Um so frustrierender ist der umgekehrte Fall: Ich gebe, was ich in mir habe, Ausdruck, Wort, Musik – das ergibt zusammen einen perfekten Klang, alles paßt. Und die Partnerin gibt nichts, ist weit weg von all meinen in sie beziehungsweise in ihre Rolle investierten Gefühlen, irgendwie nur verschwommen bei der Sache oder, besser gesagt, nicht bei der Sache. Nichts, aber schon gar nichts kommt zurück.

Ich gebe zu, daß der vorhin beschriebene Idealfall, diese Symbiose zum Nutzen packenden Theaters doch recht selten der Fall ist. 1978, bei meinem ersten Alvaro in *La Forza del Destino* an der Scala di Milano, ereignete sich so eine Sternstunde. Piero Cappuccilli als mein Kontrahent war phänomenal. Alles kam so, wie ich es erwartete. Prompt kam jeweils die Phrase, wie ich sie hören wollte, um entsprechend weiterzumachen. Ein ständiges Geben und Nehmen mit maximalem Ergebnis. Das ist wirklich ein Traum für einen Künstler – instinktiv zu ahnen, was der Partner machen wird. Das erlaubt einem eine ganz bestimmte Reaktion im nächsten Moment.

30 Ein gelungener Schnappschuß während einer Aufführung von *La Traviata* an der Wiener Staatsoper.

31 Mit Agnes Baltsa als Carmen in London. In der Bizet-Oper, die ich in relativ kurzer Zeit hundertmal gesungen habe, haben wir beide triumphale Erfolge feiern dürfen.

32 Den Linkerton in *Madame Butterfly* sang ich erstmals 1972 in der New York City Opera. Dieses Foto entstand aber später in einer Produktion an der Londoner Covent Garden Opera.

33 Übermütig . . . in der Pause einer
Carmen-Aufführung in der Arena von
Verona.

34 *Tosca*-Probe mit
Montserrat Caballé an der
Wiener Staatsoper 1979.

35 Der Nemorino in *L'Elisir d'Amore* zählt zu meinen liebsten Rollen.
Hier ein Bild mit Sir Geraint Evans in der Londoner Covent Garden Opera.

36 Ein Foto, das es so aus keiner *Carmen*-Inszenierung geben kann: Dieser Schnappschuß mit meiner geliebten Kollegin Agnes entstand natürlich hinter den Kulissen.

Alles kommt vollkommen natürlich, muß so kommen, es ist ja nicht lernbar. So etwas kann nicht geprobt werden, es kommt eben aus der Situation des Abends – das werden dann die sogenannten Sternstunden der Oper. Zwischen zwei rivalisierenden, kämpfenden Bühnenfiguren ist diese Symbiose übrigens leichter zu erreichen als zwischen liebenden.

Als ich 1986 in Madrid zum erstenmal den Canio in Leoncavallos *I Pagliacci* sang, hatte ich in Ilona Tokody eine ebenso ideale Partnerin. Sie hat auf meinen (Bühnen-)Jähzorn so einmalig reagiert, daß ich mich meinerseits noch mehr steigern konnte. Ilona Tokody zählt für mich zu den idealsten Interpretinnen von veristischen Opernrollen.

Was ich hier beschrieben habe, hat nichts mit Effekthascherei zu tun. Denn Effekt zu machen ist keine besonders große Kunst. Jeder Opernfreund, der genau aufpaßt, wird bemerken, daß Effekte prinzipiell auf Kosten der Noten gemacht werden. Jeder kann das sehr leicht für sich überprüfen, wenn er nur kurz die Augen schließt und um so konzentrierter zuhört.

Viele Zuhörer fallen aber auf Effekte herein. Nehmen wir das Finale von *La Bohème*, wenn Rodolfo begriffen hat, daß Mimi gestorben ist. Ein heulender, wimmernder und schluchzender Tenor beeindruckt wahrscheinlich die Mehrheit der in diesem Moment ohnehin stark emotionalisierten Zuhörer. Aber weder steht das im Libretto, noch ist ein Gefühlsausbruch dieser spektakulären Art von Puccini vorgesehen gewesen. In der Musik und in dem, was Rodolfo zu singen hat, ist alles enthalten. Kein Tenor muß etwas hinzufügen, es ist absolut überflüssig. Wenn ich Rodolfos Schmerz in dieser Szene nicht mit der Stimme ausdrücken kann, dann bin ich eben kein guter Tenor.

Als viel schlimmer empfinde ich allerdings die eingeleg-
ten Töne. Ganz sicher nicht deshalb, weil ich selbst kein
sogenannter Höhenjäger bin, sondern weil sie meistens
unpassend sind und dem Wunsch des Komponisten wi-
dersprechen. Wenn sich ein Tenor einbildet, er muß am
Ende des Duetts mit Posa in *Don Carlos* oder am Schluß
des Liebesduetts im Nilakt von *Aida* ein hohes C singen,
dann ist ihm und seinem mangelnden Gefühl für eine
Partitur ohnehin nicht zu helfen. Das ist ebenso lächerlich wie — im wahrsten Sinne des Wortes — das hin und
wieder eingeschobene penetrante Tenorgelächter bei
»E' scherzo od è follia« in *Un Ballo in Maschera*. Auch
manch alte Plattenaufnahme hört sich da eher wie eine
Parodie an. Es ist wirklich ausreichend, was Verdi für
diese Szene komponiert hat, die Musik enthält auch hier
alles.

Stars und Startum

So wie sich die Gesellschaft im Laufe von Jahren und Jahrzehnten ändert, so haben sich logischerweise auch die Sänger geändert. Wir sind gewiß nicht unnahbar oder unberührbar, stehen nicht auf einem imaginären Sockel, von dem wir genußvoll auf das zu unseren Füßen liegende Opernvolk herabblicken, und wir wollen uns auch sonst nicht mit einer Aura der Unerreichbarkeit umgeben. Es gehört wirklich der Geschichte an, daß es für manchen Tenor offenbar unumgänglich war, sich von einem Chauffeur in einer Luxuskarosse spazierenfahren zu lassen oder auf sonst eine Art und Weise, oft mit banalsten Extravaganzen, sein Startum auch außerhalb des Theaters unter Beweis zu stellen. Das lag aber bestimmt nicht nur an den Künstlern, sie wurden auch durch die Gesellschaft irgendwie gezwungen, sich auffällig zu verhalten. Man erwartete eben von einem Star, daß er exaltiert war, einen Hauch des Abenteuerlichen vermittelte, ja vielleicht sogar des Anrüchigen. Wenn er nicht verrückt spielte, so mußte er zumindest eine Marotte haben.

Nichts leichter, als sich eine Marotte zuzulegen. Ich brauchte nur ein paarmal mit entsprechendem Nachdruck zu erwähnen, daß ich nur dann singen kann, wenn ich im Souffleurkasten einen blühenden Kaktus sehe, schon würde in allen Kurzbiographien vielleicht der Satz stehen: Das ist der Tenor, den die Souffleure hassen, weil sie sich während seiner Vorstellungen immer an den Kakteen stechen.

Nein, derlei muß ich nicht haben. Das ist mehr für Kollegen, die immerfort prüfen müssen, ob sie ein Star sind. Einen oder mehrere kleine Ticks, die hat wohl jeder. Aber die behalte ich für mich. Schon gar nicht mache ich einen davon zur »Trademark«. Eine meiner Gewohnheiten, vor Beginn einer Vorstellung mit einem Glas Wasser in der Hand über die Garderobengänge zu lustwandeln, ist ja nicht unbedingt spektakulär.

Der einzige Anlaß, bei dem man beweisen sollte, daß man eine »Starverpflichtung« hat, ist die Probe: Dort als erster (selbstverständlich optimal vorbereitet) und nicht als letzter zu erscheinen oder zumindest pünktlich zu sein, diszipliniert und ohne Mätzchen zu arbeiten, das sind für mich Kennzeichen des Stars, sonst nichts. Ich weiß natürlich, wie das früher war, als die Mentalität eher dem »Ich bin der Star, die anderen sollen warten« entsprach. Heute geht es wesentlich professioneller zu – und auch freundschaftlicher. Ohne Zahl sind die alten Geschichten von Zweikämpfen zwischen Primadonnen und Tenören, von Gehässigkeiten und Gemeinheiten, von Eifersucht und Übervorteilung. Nicht daß die Opernsänger unserer Zeit ein einzig Volk von Brüdern und Schwestern in untrübbarer Harmonie wären, aber die Kollegialität unter ihnen hat sich spürbar gebessert.

Über unsere Möglichkeiten, ein völlig normales Leben zu führen, bin ich unendlich froh. Wenn eine Vorstellung vorbei ist, ziehe ich mein Kostüm aus und bin ein Bürger wie jeder andere. (Bei der Gelegenheit: Kollegen, die immer wieder erzählen, es dauert Stunden, bis

sie den Charakter einer soeben gesungenen Rolle »able-
gen« können, sind – mit Verlaub gesagt – gelegentlich
auch Flunkerer.) Ich genieße es, auch in Jeans und T-
Shirt unterwegs sein zu dürfen, ohne daß jemand die
Nase rümpft. Und wenn es so wäre, würde es mich vermutlich nicht stören. Ich genieße es, wenn mir danach
zu Mute ist, ins Kino oder auf den Fußballplatz zu gehen, nach dem Einkaufen ein Plastiksackerl selber ins
Hotel zu tragen, einfach unauffällig zu leben. Dort, wo
ich als Künstler im Mittelpunkt des Interesses stehe,
kann ich mich dem Wirbel ohnehin nicht entziehen, obwohl es oft sehr angenehm wäre.

Ich will damit keineswegs sagen, Popularität interessiere mich nicht. Ich empfinde es als recht angenehm,
wenn man mich auf der Straße, in einem Restaurant
oder in einem Geschäft erkennt, es freut mich. Nur, ich
tue nichts dazu, daß man mich erkennt. Und sollte ich
anonym bleiben, so ist es mir auch recht. Es muß entsetzlich sein, der Sklave seines Status zu sein – wenn
schon Sklave, dann hin und wieder der des Berufs. Das
lasse ich mir gerade noch einreden.

Insgesamt sind wir Opernsänger bezüglich Popularität
weit entfernt von den Stars aus Sport, Film oder Popmusik. Gott sei Dank, kann ich nur sagen, denn ein Leben
zu führen wie Superstars vom Schlage eines Diego Ma-
radona, Boris Becker, Robert Redford oder Michael
Jackson – das hielte ich gar nicht aus. Keinen Schritt
können sie tun, der nicht registriert, veröffentlicht, kom-
mentiert wird, ein Privatleben ist praktisch nur hinter
verschlossenen Türen möglich.

Ich schätze es, vornehmlich in der Welt der Oper berühmt zu sein, sie ist doch etwas kleiner und überschau-
barer. Wenn ich nach einer Vorstellung irgendeines der

großen Opernhäuser verlasse, sehe ich unter den Fans, die beim Bühnenausgang warten, regelmäßig auch bekannte Gesichter. Ich registriere sie genau, wobei mir auch mein gutes Personengedächtnis zu Hilfe kommt. Manchmal erkenne ich sogar von der Bühne aus im Zuschauerraum das eine oder andere Gesicht. Es sind angenehme Leute, die sich freuen, wenn man einige Worte mit ihnen wechselt, und ich tue es auch gern.

Selbst nach dem anstrengendsten Opernabend stört es mich nicht, daß Freunde und Bekannte vor meiner Garderobe warten. Ganz im Gegenteil. Sollte ich eines Tages die Tür öffnen, und keiner wartet davor, dann kann ich zwar in Ruhe nach Hause gehen, aber es stimmt irgend etwas nicht. Diese Leute sind für mich gleichsam die Abgesandten des Publikums, so etwas wie ein repräsentativer Querschnitt. Ihre Reaktion auf meine Leistung ist interessant – eine öffentliche Meinung, die für mich in der Regel mehr Bedeutung hat als die veröffentlichte. Natürlich gibt es Vertraute, die einem nie und nimmer sagen würden: »Heute warst du leider schlecht.« Aber zum Glück gibt es daneben auch solche, die dies schon tun. Und wenn ein Freund, auf dessen Urteil ich Wert lege, einmal gar nichts sagt, dann weiß ich, was ich davon zu halten habe. Schweigen kann sehr beredt sein. Was ich unter keinen Umständen brauche, ist eine große Tischgesellschaft, bei der mir jeder versichert, wie gut ich war. Da ist es sogar möglich, daß ich mir die eine oder andere kleine Unfreundlichkeit gestatte. Es ist für mich verdächtig, wenn jemand zu jeder Zeit und in jeder Situation freundlich ist und angeblich alle Menschen liebt. Man kann nicht jeden mögen, das ist unnatürlich und absurd. Deshalb gehe ich bei der

Auswahl der Leute, die mich umgeben, sehr selektiv
vor. Nach Vorstellungen unterhalte ich mich im übrigen
lieber über andere Dinge, als jede Note oder Phrase des
vorangegangenen Ereignisses zu analysieren. Und das
ist am ehesten im kleineren Freundeskreis möglich.

Freundschaft ist eines der schönsten Dinge in unserem
Leben. Ich bin mir durchaus bewußt, daß jemand wie
ich auch falschen Freunden aufsitzen könnte, also Leuten, die sich mit einem berühmten Tenor an ihrer Seite
selber aufwerten oder ihn überhaupt nur ausnützen
wollen. Aber wenn schon ein Künstler nicht die nötige
Sensibilität besitzen sollte, um da genau unterscheiden
zu können, wer dann? Freilich kann ich mich irren, aber
eine typisch katalanische Eigenschaft, die hilft, solche
Irrtümer und die daraus folgenden Enttäuschungen zu
vermeiden, ist: Zuerst abwarten, genau prüfen und erst
dann, wenn man sicher ist oder es zu sein glaubt, jemanden näher an sich herankommen lassen. So wie es jedoch Liebe auf den ersten Blick gibt, kann man auch
Freundschaften auf den ersten Blick schließen. Andererseits bin ich schon Menschen begegnet, bei denen
fühlte ich nach einer Minute intuitiv, die darfst du nicht
an dich heranlassen. Sehr bald stellte sich oft heraus,
wie richtig dieses Ahnen war.

Bei Briefschreibern ist das ganz anders. Wozu sollte mir
jemand schmeicheln, den ich persönlich überhaupt
nicht kenne und der mir höchstwahrscheinlich in meinem Leben nie begegnen wird? Von den zahllosen Briefen, die ich in all den Jahren erhalten habe, waren 99,9
Prozent freundlich, liebenswürdig, enthusiastisch, voll
von guten Ratschlägen, rührend, poesievoll – alles, was
man sich nur vorzustellen vermag. Die größte Freude
bereiteten mir aber immer die Menschen, die sinnge-

mäß schrieben: Wenn ich Deine Stimme höre, dann geht es mir besser. Oder, dann bin ich glücklich.

Ich weiß, es klingt ein wenig pathetisch, doch was kann es wirklich Schöneres geben, als einen Beruf zu haben, den man über alles liebt und mit dem man anderen zu Wohlbefinden und Glück verhilft.

Premierenreigen und Regietheater

Unter Opernanhängern taucht regelmäßig die Frage auf, welche Kriterien für die Neuproduktion einer Oper ausschlaggebend sind. Werden den Spitzensängern Wünsche erfüllt? Diktieren die Regisseure oder die Dirigenten? Sind die Direktoren der großen und berühmten Häuser nicht schon lange teilentmachtet und können daher ihre Ideen nur noch ansatzweise verwirklicht werden?

Ich glaube, da stimmt von allem ein bißchen was. Natürlich gibt es Kollegen, die eine bestimmte Partie verlangen, große Regisseure und Pultprimadonnen, die unbeschränkten Forderungskredit haben. Das Resultat muß aber deswegen noch lange nicht so gut sein, wie es der Betreffende erhofft oder erwartet hat. Wie oft haben wir schon erlebt, daß ein ganz bestimmtes Stück neu herausgebracht wurde, obwohl es keine zwingende Besetzung dafür gab. Die Papierform besagt noch nichts, auch erstklassige Sänger können falsch eingesetzt werden.

Grundsätzlich ist es doch so, daß jeder Direktor nach den Produktionen bewertet wird, die während seiner Zeit realisiert werden. Danach, was er von Zeffirelli oder Strehler hat. Ob es ihm gelingt, die glanzvolleren Besetzungen zusammenzubringen als sein Vorgänger oder die Konkurrenten in anderen Häusern. Was wird er also tun? Selbstverständlich mit Namen auftrumpfen und die bestmögliche Besetzung samt einem glänzenden Leading-Team engagieren – vorausgesetzt, er kann es sich leisten. Zwar gibt es auf der ganzen Welt nur ein paar Opernhäuser, die das nötige Geld für außerordentliche oder besonders spektakuläre Produktionen haben, aber selbst deren Intendanten gelingt es nicht so leicht, das Optimum zu erreichen, weil eben zu wenige wirkliche Spitzenkräfte da sind. Daher können diese es sich aussuchen, die Rosinen aus dem Kuchen zu holen.

Selbst wenn es technisch und zeitlich möglich wäre, jedes Angebot für eine Premiere anzunehmen – ich würde es im Gegensatz zu manchen Kollegen nicht tun. Ich will mein Sängerleben einfach nicht nur probend verbringen. Vor allem dann nicht, wenn es sich um langweilige und somit mittelmäßige Regisseure handelt. Die verschwenden Wochen, um mir beizubringen, in welcher Szene ich den rechten Fuß nach vorne stellen muß, während das linke Bein einknicken soll, und derlei Belanglosigkeiten mehr. Ich muß immer das Gefühl haben, was du tust, ist sinnvoll. Andernfalls singe ich lieber im Repertoire-Alltag.

Natürlich sind Premieren ein Muß, nicht aus Prestigegründen, sondern aus künstlerischen. Es ist notwendig, bestimmte Stücke immer wieder neu zu machen. Nicht nur, damit das Auge der Besucher Abwechslung hat, sondern auch für unseren eigenen Standard. Um ihn zu halten, müssen wir von Zeit zu Zeit mit den besten Regisseuren und Dirigenten zusammenarbeiten. Es ist eben nicht dasselbe, ob man *La Bohème* mit Karajan oder mit einem zwar soliden, aber nicht überragenden Dirigenten macht. Denn jemand wie Karajan zwingt dich, das Beste zu geben, alles aus dir herauszuholen.

Dabei lernt man natürlich auch viel, und alles, was man lernt, kann woanders wieder eingebracht werden.

Ich liebe den Nervenkitzel von Premieren – die Stimmung ist irgendwie anders, obwohl es sicher nicht so ist, daß in den Reprisen die Luft draußen wäre. Ich fühle nur einen ganz minimalen Unterschied, aber es gibt ihn. Wer behauptet, daß er nach einigen Jahren Erfahrung nicht einmal mehr bei einer Premiere aufgeregt ist, betrügt sich selbst oder hat nicht begriffen, worum es geht. Denn je länger man dabei ist, je berühmter oder bekannter jemand wird, desto mehr wird von ihm erwartet. Jede Vorstellung wird schwerer und schwerer. Zu Beginn einer Karriere gibt es eine Menge Dinge zu gewinnen, man kann sich täglich steigern und dazulernen. Dann ist es genau umgekehrt – man kann sehr schnell sehr viel verlieren.

Premieren sind außerdem wichtig, weil sie unvermeidliche Routine zu verhindern helfen. Erstens wird einem selbst das schönste Bühnenbild irgendwann langweilig, zweitens braucht eine Rolle, die man hundertmal oder noch öfter gesungen hat, zwischendurch eine Art Blutauffrischung.

Aber nicht mit Krampf – und damit bin ich beim sogenannten Regietheater, dessen extreme Auswüchse ich aus voller Überzeugung ablehne, selbst auf die Gefahr hin, deswegen »altmodisch« oder »konservativ« genannt zu werden.

Bei jedem Komponisten einer Oper steht am Beginn die theatralische Werkidee. Ohne sie würde er die Musik nicht geschrieben haben, das ist klar. Das legitimiert allerdings keinen Regisseur der Welt, die Musik zu degradieren oder gar zu ignorieren. Wenn das Gesamtkunstwerk Oper zu einem Theaterabend mit musikalischer

Begleitung verkümmert, wenn ich ein dickes Programm-
heft als Gebrauchsanweisung für die Inszenierung eines
seit hundert Jahren bekannten Stückes benötige, dann
interessiert mich das nicht mehr. Dann will ich nicht zu-
schauen, geschweige denn selber mitwirken.

Im Fernsehen habe ich vor einigen Jahren eine Repor-
tage über eine Neuinszenierung von *Aida* an der Frank-
furter Oper gesehen. Radames muß dabei Archäologe
oder so etwas Ähnliches gewesen sein, in seinem Büro
grub er neben dem Schreibtisch einen Totenschädel aus,
den hielt er dann nach Hamlet-Manier in der Hand und
sang dazu »Celeste Aida«. Später sah ich noch Aida, die
in dieser Inszenierung als Putzfrau dargestellt wurde – da
hatte ich bereits genug. Ich empfand das nicht nur als läp-
pisch und lachhaft, sondern es war für mich auch eine Be-
leidigung Verdis, denn der Regisseur hatte in diesem Fall
die musikalische Dimension des genialen Werkes auf einen Begleitumstand reduziert. Er wollte – den Eindruck
gewann zumindest ich – nicht echtes Theater, er wollte
offenbar Schlagzeilen machen.

In der deutschen Stadt Essen gastierte ich einmal in einer
Tosca-Inszenierung ähnlicher Art: Scarpia trat als Mus-
solini auf, Tosca als dessen Freundin und Geliebte Clara
Petacci, Cavaradossi stand dazwischen im Kostüm eines
Eisverkäufers herum. Mein Bedarf war gedeckt.

Ich habe nichts gegen intellektuelle Spielereien, solange sie wirklich gescheit sind und solange durch sie
die Musik nicht sinnentleert wird. Was darüber hinaus
stattfindet, dient der Selbstbefriedigung von einigen
Snobs. Leider aber auch der so manches Intendanten,
der wenigstens mit Skandalen auf sein Haus aufmerksam machen möchte. Ein oder zwei Wochen nach der
Premiere redet ohnehin kein Mensch mehr über das

Spektakel, das Schlimme ist nur: Die Produktion hat viel gekostet und muß daher jahrelang gespielt werden – zum Mißvergnügen des Publikums. Als Piero Cappuccilli in Florenz eine *Rigoletto*-Produktion noch vor der Premiere grollend verließ, weil ihn der Regisseur als Clown zeigen wollte, gab es einen riesigen Skandal und für Piero kräftige Medienschelte. Er hat mir später über das Konzept mehr erzählt – es wendete sich in einigen Szenen derart kraß gegen die Musik, daß Piero nicht zustimmen konnte.

Unter »Modernem Theater« verstehe ich etwas anderes, als eine Handlung einfach auf den Kopf zu stellen oder in die heutige Zeit zu transponieren. Der leider im Sommer 1988 verstorbene Jean-Pierre Ponnelle hat beispielsweise mit seiner Züricher *Carmen*-Inszenierung gezeigt, wie aufregend und spannend traditionelles und zugleich modernes Operntheater sein kann. Faszinierend, was diesem klugen und phantasievollen Regisseur an sinnvollen und originellen Details eingefallen ist oder wie sehr er sich die Erkenntnisse der Psychologie zu eigen machte. Wenn Opernbesucher, die *Carmen* in- und auswendig kennen, auf der letzten Kante ihres Theatersessels sitzen, weil sich die Spannung auf der Bühne so intensiv in den Zuschauerraum überträgt, dann ist dem Regisseur gelungen, Theater zu »machen« – in des Wortes bester Bedeutung.

Ich erinnere mich mit besonderer Freude und mit Stolz an das *Carmen*-Gastspiel in Athens wohl berühmtestem Theater, im Herodes Atticus. Zu den Ponnellschen Intentionen kam für meine geliebte Kollegin Agnes Baltsa und mich noch die unvergleichliche Atmosphäre dieses Ortes. Wir erlebten einen der Höhepunkte unserer Karriere.

Die Wechselwirkung Bühne–Zuschauerraum ist essentieller Bestandteil eines großen Opernabends. Es wird schwer für uns, wenn jenseits der Rampe unaufmerksame oder einfach nur müde Besucher sitzen. Physisch überfordertes Publikum zählt zu den großen Problemen des Theaters.

Der Idealfall wäre: Die Leute kommen ausgeruht und entspannt in die Oper, nachdem sie vorher in aller Ruhe das Textbuch gelesen und sich auch musikalisch mit dem jeweiligen Stück vertraut gemacht haben. Das ist natürlich illusorisch. Wer den ganzen Tag gearbeitet hat, sich im Dauerstreß befindet, der kann weder einem Theaterereignis voll konzentriert folgen, noch kann er ein Buch lesen oder einen anspruchsvollen Film anschauen. Außer leichter Unterhaltung bleibt ihm nichts, der Abend endet vor dem Fernseher.

Wir kennen das Bild: Man rast nach einem schweren Arbeitstag nach Hause, zieht sich rasch um, quält sich durch den Verkehr und stürzt in letzter Minute ins Opernhaus. Die Parkkarte noch im Mund, legt man den Mantel ab und sucht hektisch nach den Billetts, kauft rasch noch ein Programm (das man frühestens zu Hause genauer studieren kann), um dann erschöpft in den Sessel zu fallen. Wenn es sich bei der Vorstellung womöglich noch um eine lange Wagner-Oper handelt, ist vorstellbar, wie sehr sich so ein Besucher durch solch einen Abend durchquälen muß. In südlichen Ländern ist durch den relativ späten Vorstellungsbeginn wenigstens ein größeres »Ruhepolster« zwischen Arbeit und Vergnügen möglich.

Es liegt jedenfalls an uns Künstlern, die Zuschauer munter zu machen, mitzureißen, in den Bann des Geschehens zu ziehen, dafür zu sorgen, daß der Theaterbesuch tatsächlich zum Vergnügen wird. Es ist nicht immer leicht, aber es ist immerhin unsere Verpflichtung.

Es kommt nicht sehr oft vor, doch hin und wieder findet sogar ein vielbeschäftigter Opernsänger die Zeit, um selber eine Vorstellung zu besuchen. Ich sehe dann mit anderen Augen, höre mit anderen Ohren, das ist klar. Ehrlich gesagt, es ist mir nicht möglich, einem Opernabend entspannt zu folgen, also einfach nur dazusitzen, Musik und Stimmen zu genießen. Eher das Gegenteil ist der Fall: Wenn ich mich beim Zuhören entspannen kann, dann ist die Vorstellung schlecht. Ist sie aber gut, dann lebe ich nicht nur innerlich mit. (In der Mailänder Scala hat mir einmal eine hinter mir sitzende Dame auf die Schulter getippt und gemeint, ob ich nicht endlich ruhig sitzen könne, ich mache sie nervös.)

Einen Opernbesuch empfinde ich immer auch als Lernprozeß. Da ich plötzlich in der Rolle desjenigen bin, für den ich normalerweise singe, versuche ich auch so zu denken wie ein Zuschauer. Und wenn meine Erwartungen unerfüllt bleiben, dann weiß ich eben, was man tun müßte. Oder ich sehe oder höre Dinge, bei denen für mich feststeht, daß ich sie niemals machen darf. Genausogut kann es aber passieren, daß ich mir denke: Aha, an dieser Stelle ist mit halber Stimme ein besseres Resultat zu erzielen. Selbstverständlich gilt mein besonderes Interesse dabei – wie könnte es anders sein – dem Tenor, insbesondere, wenn er eine Rolle singt, die auch ich im Repertoire habe.

Für einen zuhörenden Sänger gibt es nur zwei Positionen. Wie in der Stierkampfarena: Torero oder Stier. Man kann mit dem Kollegen mitzittern, hoffen, daß er alles richtig und gut macht. Man »arbeitet« mit ihm, atmet mit, verflucht den Dirigenten, wenn er Tempi

wählt, als ob die Sänger die Luftreserven von Tiefsee-
tauchern hätten, man betet für ihn, wenn er zu jener
Stelle kommt, die das Kriterium der Rolle ist, usw.

Die andere Position wäre, feindselig im Zuschauerraum
zu sitzen und zu hoffen, daß der Kollege auf der Bühne
alles falsch macht. Letztlich ist so ein Zuhörer nur dann
tief befriedigt, wenn er nun zu wissen glaubt, daß er selber es besser kann, und wenn das Publikum den »anderen« weniger lang oder laut bejubelt hat.

Ich glaube, kein halbwegs normaler Mensch kann so etwas wollen. Darauf zu hoffen, daß ein anderer Sänger
einen Ton schmeißt oder sonst irgendwie versagt und
deshalb von ein paar Leuten ausgebuht oder verlacht
wird, das ist für mich fast so schlimm, als wünschte ich
jemandem, von einem Auto überfahren zu werden. Ich
hoffe immer, daß er oder sie alles schafft – und mag es
sich hundertmal um einen sogenannten Rivalen handeln. Allein schon deshalb, weil ich weiß, wie schwer es
ist.

Wer sicher nicht weiß, wie schwer es ist, das sind die
Buh-Rufer. Ich halte sie für bedauernswerte Wesen, für
Leute, deren psychisches Gleichgewicht nicht ganz in
Ordnung ist, um es vorsichtig zu formulieren. Sie fühlen
sich als ein Bestandteil der Aufführung, kommen oft
schon mit dem Vorsatz, mitspielen zu wollen, ins Theater. Ihre Rolle ist eben die des Störenfrieds oder desjenigen, der durch sein Geschrei kundtun will, es besser zu
wissen als alle anderen, die applaudieren oder sogar
Bravo rufen.

Ich hatte einmal in Wien Gelegenheit, mit einem Buh-
Rufer ins Gespräch zu kommen. Es handelte sich um einen ziemlich jungen Mann, der, wie sich sehr schnell
herausstellte, von rührender Ahnungslosigkeit war. Die

Interpretation, meinte er, sei so nicht sein Fall, und dann zählte er einige Beispiele auf, mit denen er auch noch seine Inkompetenz bewies. Solchen Leuten kann man nicht helfen, sie bringen alles durcheinander, und dabei mißbrauchen sie ihr Recht auf freie Meinungsäußerung. Über Geschmacksfragen kann man zwar diskutieren, aber niemand darf sich anmaßen, seinen Geschmack als den einzig »richtigen« zu erklären und lautstark zu protestieren, weil irgend jemand diesen Geschmack nicht getroffen hat. Wie wir allerdings immer wieder erleben, gibt es einige wenige, die das einfach nicht einsehen wollen. Auch sonst sind es eher fragwürdige Motive, die zu Buh-Geschrei führen. Sich wegen eines verunglückten Spitzentones, eines musikalischen Ausstieges oder sonstigen Fehlers maßlos zu alterieren, ist nicht nur unfair, es zeugt von Gemütsarmut, fast Menschenverachtung. Jedem kann schließlich ein Mißgeschick unterlaufen.

Am schlimmsten sind allerdings jene »Opernfreunde«, die aus völlig falsch verstandener »Liebe« die unmittelbaren Konkurrenten ihrer persönlichen Favoriten ausbuhen. Ich finde das äußerst abstoßend.

Ich halte Protest überhaupt nur in einem Fall für legitim: Dann nämlich, wenn sich ein Künstler nicht oder mangelhaft vorbereitet hat. Wenn er die Partie nicht beherrscht, nicht genug gearbeitet hat, wenn also seine professionelle Einstellung zu wünschen übrig läßt. Das ist nicht zu tolerieren, das ist sogar Betrug am zahlenden Publikum. Niemandem ist schließlich zuzumuten, zum vollen Preis eine halbfertige Ware zu kaufen.

KRITIK UND FEHLURTEILE

Zu den einprägsamen Erlebnissen am Beginn einer Karriere zählt sicher der Tag, an dem man erstmals seinen Namen in der Zeitung liest. Eine freundliche, lobende Erwähnung oder vielleicht gar ein Foto – und schon bildet man sich ein, jeder Passant, der einem auf der Straße entgegenkommt, denkt sich: Aha, dort geht der Künstler, der gestern in der Oper so schön gesungen hat.

Das ist natürlich Unsinn, wenngleich man die Wirkung von Kritiken auch nicht unterschätzen soll. Als der berühmte Kritiker der New York Times, Harold Schonberg, nach meinem Debüt in der City Opera schrieb, daß ich »wirklich etwas ganz Besonderes« wäre, da haben das ja wahrscheinlich auch andere Leute aus der Opernszene gelesen und sie sind vielleicht erst durch diese Bemerkung auf mich aufmerksam geworden. Haben mich daraufhin angehört und engagiert oder weiterempfohlen. Alles kann möglich sein.

Im Laufe der Zeit habe ich nicht nur gelernt, mit der Kritik zu leben, ich lernte auch zu unterscheiden. Es gibt Kritiker, die loben dich immer in den Himmel, andere schreiben zumindest freundlich und manchmal weniger freundlich. Im zweiten Fall denkt man sich: Na ja, vielleicht irrt er sich, aber es könnte immerhin sein, daß ich wirklich nicht gut war.

Dann gibt es welche, denen völlig egal ist, was du an einem Abend machst – bevor du noch singst, bist du schon verrissen. In den Kritiken fehlte es dann auch nicht an Unterstellungen oder gehässigen Randbemerkungen, die meist mit dem unmittelbaren Anlaß gar nichts zu tun haben. Jeder von uns hat ein paar solcher »Freunde« in den Zeitungsredaktionen, manche von ihnen, die selbst Gesang studierten, reagieren so ihren Frust über die nicht gemachte Karriere ab. Meine Überlegung dazu war immer: Was soll's, es ist eben ein Teil des Spiels.

Wer behauptet, keine Kritiken zu lesen, der lügt. Sind sie schlecht, ärgert man sich, doch nach vierundzwanzig Stunden ist alles vorüber. Nichts ist älter und uninteressanter als eine Zeitung von gestern. Liest man sie überhaupt erst ein paar Tage später, ist der Ärger schon entsprechend reduziert. Ich will aber nicht bestreiten, daß ich nicht auch aus mancher schlechten Kritik eines guten Kritikers etwas gelernt hätte. Karajan sagte einmal zu mir: »Wenn du an die guten Kritiken glaubst, dann mußt du auch an die schlechten glauben.«

In den Vereinigten Staaten kann die Presse zum Trauma werden. Alles wird aufgeblasen, und gelegentlich kann ich mich des Eindrucks nicht erwehren, daß viele Amerikaner jemanden brauchen, der für sie Meinung bildet. Das betrifft zwar mehr die Politik, die von Journalisten eindeutig mitbestimmt wird, doch auch die Musik- und Theaterszene, speziell in New York. Man braucht nur an die Gesetze des Broadway zu denken. Da produziert jemand für viele Millionen Dollar ein Musical, die Premiere wird in den wichtigen Zeitungen verrissen, und das ist bereits die Garantie für eine Pleite. Das Publikum versucht nämlich nicht einmal, sich selbst ein Urteil zu bilden. Einzelnen Kritikern wird wie Göttern gehuldigt, und sie selber fühlen sich zumindest als die Priester der Gesellschaft. Was nicht in ihrem Dunstkreis passiert, dem wird von Haus aus ein schlechterer Stellenwert beigemessen.

Wenn du als Künstler einen gewissen Standard erreicht hast, viele Anhänger und Freunde besitzt, wenn du weißt, wieso viele Leute ausgerechnet zu dir kommen, dann sind Kritiken – gute wie schlechte – belanglos geworden. Sicher, ich freue mich, wenn jemand gut über mich schreibt, aber es ist nicht so wichtig.

Es amüsiert mich, wenn ich heute Hymnen der Begeisterung über die unvergleichliche Maria Callas lese und zugleich daran denke, wie oft die Callas (nicht wegen ihrer Skandale) von Kritikern geradezu zerfetzt wurde. Wem sollen wir glauben? Oft müssen gar nicht Jahre und Jahrzehnte dazwischen liegen, um sich über unterschiedliche Beurteilungen zu wundern. Oft genügt schon der Blick in zwei verschiedene Zeitungen vom selben Tag, und man fragt sich: Waren die Kritiker eigentlich in verschiedenen Vorstellungen? Nach einer *Carmen* in der Metropolitan Opera freute ich mich erstmals über einen Verriß. Der Kritiker schrieb unter anderem, ich hätte nicht nur die guten, sondern auch die schlechten Eigenschaften von di Stefano! Ein anderer jubelte, so gut hätte ich in New York noch nie gesungen. Nochmals: Wem sollen wir glauben?

Nähme ich jede Zeile ernst, die über mich geschrieben wurde, ich wäre längst verrückt geworden. Was zählt, ist die Resonanz aus dem Publikum. Egal, ob es zweitausend in einem Opernhaus oder Millionen vor den Fernsehapparaten sind. Sie bilden sich ihre Meinung. Lieben meine Stimme oder lehnen sie ab, finden mich gut, sympathisch oder eben nicht.

Das war immer schon so, und daran wird sich nichts ändern. Was und wer sich durchsetzte, entschied zu allen Zeiten das Publikum. Über berühmte und mittlerweile schon klassische Fehlurteile der Experten können wir heute nur noch schmunzeln. Vom berühmten Wiener Kritiker Eduard Hanslick, dem Wagner in den »Meistersingern« mit der Figur des Beckmesser ein Denkmal gesetzt hat, bis zu den Kritikern der Gegenwart. Oder wenn ich an die Komponisten selbst denke – was sie in ihren Schriften, Büchern und Briefen anmerkten, ist zum Teil höchst bemerkenswert. Richard Strauss bezeichnete *Aida* als »Indianermusik« oder *Tosca* als »notorischen Kitsch schlechter Sorte«, Georges Bizet empfand *Un Ballo in Maschera* als »ekelerregend«, Giacomo Puccini meinte, *Elektra* bestünde aus »nichts als Logarithmen«, für Giuseppe Verdi war *Lohengrin* schlicht und einfach »langweilig«, Richard Wagner stufte Franz Schubert als »drittrangiges Talent« ein, und nicht einmal Mozart blieb verschont. Sein komponierender Zeitgenosse Giuseppe Sarti sagte über ihn: »Ein Barbar ohne Gehör läßt sich einfallen, Musik zu machen.«

AKUSTIK

Wenn man als Sänger zum erstenmal in einem Theater
auftritt, in einem Haus also, das man noch nicht kennt,
beschäftigen einen zwei Fragen besonders: Wie hoch ist
das Orchester gestimmt? Wie ist die Akustik?

Der im Laufe der Jahrzehnte konstant nach oben ge-
schraubte Stimmton A macht uns Sängern heutzutage
das Leben schwer. Zur Zeit Carusos oder Giglis war beispielsweise ein hohes B nicht so hoch, wie es das heute
ist. Der Laie hört freilich kaum einen Unterschied, er
erfreut sich bestenfalls am brillanten Klang der modernen Orchester. Dieser Effekt ist das Resultat von höher
gestimmten Instrumenten, und wir Sänger müssen uns
entsprechend mehr plagen. Auch deshalb sind Transpo-
sitionen mitunter unumgänglich. Nach meiner Erfahrung sind die zentraleuropäischen Orchester höher gestimmt als die britischen oder die amerikanischen.

Die historische Entwicklung des Stimmtons A ist recht
interessant und birgt auch gewisse komische Elemente
in sich. Im Jahre 1885 fand in Wien eine internationale
Stimmton-Konferenz statt. Die anwesenden Musikex-
perten einigten sich auf eine Frequenz von 435 Hertz für
das A. Es dauerte allerdings nicht sehr lange, und ver-
schiedne Orchester begannen, den Stimmton zu erhö-
hen, damit man sie in den großen Konzertsälen und

Theatern besser hören konnte. Mehr Lautstärke, mehr Brillanz. Wobei überliefert ist, daß es sich manche Sänger »einrichteten«, wie sie es brauchten, hauptsächlich natürlich die Stars. Manchmal wurden sogar die »erlaubten« 435 Hertz heruntergesetzt, um ihre Stimmen zu schonen. An der Wiener Hofoper verfügte man damals über sechs Stimmgabeln, die von 434 bis 445 Hertz reichten – je nach Lust, Laune und Können der Sänger wurden sie eingesetzt.

In den dreißiger Jahren unseres Jahrhunderts wurde eine neue, bis heute gültige Norm festgelegt, diesmal waren es schon 440 Hertz. Aber trotzdem gingen die Orchester bis zu 450 Schwingungen in der Sekunde hoch. Über diese Problematik gibt es in Musikerkreisen seit jeher endlose Diskussionen, im Sommer 1988 wurde sie sogar an die Öffentlichkeit getragen: Zwei italienische Senatoren erklärten, die Tendenz des Stimmton-Hinaufschraubens müsse mit gesetzlichen Maßnahmen unterbunden werden. Nach ihrer Ansicht wären 432 Hertz ideal für die menschliche Stimme. Das hatte schon Giuseppe Verdi vorgeschlagen, und so war es auch von der italienischen Regierung 1884 dekretiert worden. Wie die beiden modernen Kämpfer für einen menschlicheren Stimmton weiter anführten, würden die Sänger immer mehr in schrille Höhen und hohe Lautstärken hineingezwungen, weswegen es vor allem im lyrischen Fach an Nachwuchs mangle.

Ganz so dramatisch sehe ich es nicht, aber auch ich hätte absolut nichts dagegen, würde man sich dem historischen Stimmton wieder annähern, es würde uns manche Sorge ersparen.

Was die Akustik in den Theatern betrifft, so gibt es in den Häusern, die ich kenne, beträchtliche Unterschiede.

Wesentlich ist für den Sänger, daß die Stimme »zurückkommt« – nicht zu viel und nicht zu stark. Ich muß mich hören können, dann paßt die Akustik. Kommt nichts zurück, ist es wirklich hart zu singen. Man wird unsicher, weil man nicht weiß, ob man genug Stimme gegeben hat, die Resonanz ist nicht die richtige etc.

Ich habe die Erfahrung gemacht, daß die alten Opernhäuser durchweg über eine bessere Akustik verfügen als die modernen, mag sein, daß das auch an den unterschiedlichen Baumaterialien liegt, die verwendet wurden. Die Größe eines Opernhauses hat jedenfalls nichts mit der Akustik zu tun, ich kenne kleine Theater, in denen sie nicht annähernd so gut ist wie etwa in der großen Mailänder Scala.

In der Scala gibt es übrigens auf der Bühne eine ganz bestimmte Stelle, von der aus jede Stimme lauter und kräftiger klingt. Die Sänger kennen diesen Platz natürlich sehr genau, manche Kollegen sind von ihr gar nicht wegzubringen. Es soll, wird berichtet, früher vor allem zwischen Primadonnen schon zu regelrechten Kämpfen um ihn gekommen sein. Ich habe ähnliches allerdings nie beobachtet. Kurioses schon, denn wenn man singend über die Bühne geht und die bewußte Stelle durchschreitet, klingt es so, als würde jemand einen Verstärker hinauf- und gleich wieder hinunterdrehen.

In der Wiener Staatsoper gibt es eine größere Zone, in der die Akustik noch besser ist als auf der übrigen Bühne, der Unterschied ist aber nur geringfügig, keinesfalls so eklatant wie in Mailand.

Ganz allgemein möchte ich betonen, es ist ein Irrglaube, wenn man sich einbildet, ganz vorne an der Rampe würde man am besten gehört werden. Das kann zwar sein, aber sehr oft ist es nicht der Fall, es hat logischerweise mit den spezifischen Gegebenheiten der einzelnen Häuser zu tun.

Einfluß auf die Akustik haben auch die Bühnenbilder, in positiver und negativer Hinsicht. Man tut sich viel leichter, wenn der Bühnenraum geschlossen ist, denn es entsteht eine Art Muscheleffekt. Ein bis weit nach hinten offener Raum kann sich als recht unangenehm erweisen. Auch das Material der Dekorationen spielt eine Rolle. Textilien, vor allem aber Teppiche, sind für uns grauenhaft. Sie schlucken tatsächlich die Resonanz, auch wenn Bühnenbildner immer wieder versichern, das stimme nicht, die Sänger seien nur hysterisch. Ähnliches gilt auch für diese dünnen, kaum sichtbaren Vorhänge zwischen Bühne und Orchester. Bemerkenswerterweise stören sie weniger das Volumen, sondern viel eher die Harmonie zwischen uns und den Musikern. Ich weiß, daß es auch da Leute gibt, die behaupten, das sei falsch. Aber das sind eben meistens weder Sänger noch Orchestermusiker.

Entscheidend ist trotz all dieser Beeinträchtigungen, wie ein Theater gebaut ist. Meine Reihenfolge der Häuser mit der besten Akustik heißt jedenfalls: Scala di Milano, Wiener Staatsoper, Teatro Liceo Barcelona, Teatro Colon Buenos Aires, Nationaltheater München, Teatro San Carlo Neapel. Das von Richard Wagner selbst konzipierte Bayreuther Festspielhaus, dessen Akustik phänomenal sein soll, kenne ich leider nicht.

Zu Bayreuth und Wagner will ich bei dieser Gelegenheit einige Anmerkungen machen: Wagners Bayreuther Opernhaus im speziellen und – ganz allgemein – seine Stücke sind uns südländischen Interpreten beinahe ausnahmslos verschlossen. Was mich betrifft, wird sich daran nicht so schnell etwas ändern. Auch wenn es mich ungeheuer reizen würde, in einem Musikdrama dieses genialen Komponisten mitzuwirken – es scheitert an der Sprache. Ich bin fest davon überzeugt, daß man die Sprache, in der die Oper geschrieben ist, fließend sprechen können muß. Erst wenn diese Voraussetzung gegeben ist, darf man daran denken, in dieser Sprache auch zu singen. Es nützt mir nichts, wenn ich den Text noch so präzise auswendig lerne, jedoch in Wirklichkeit nie ganz genau weiß, was ich gerade singe. Gerade die ohnehin nicht einfache Sprache Richard Wagners würde mich vor unlösbare Probleme stellen, denn jede falsche Betonung, jedes falsch gelegte Gewicht würde selbst die am schönsten gesungenen Töne und Phrasen zerstören. Da ich diesbezüglich an mich sehr hohe Ansprüche stelle, fürchte ich, daß man auf mein Wagner-Debüt noch sehr, sehr lange wird warten müssen...

Während der schon legendären ersten Salzburger *Don-Carlos*-Serie unter Herbert von Karajan träumten Freunde von mir eines Abends in einem Restaurant von einem kühnen Wagner-Projekt: Die gesamte *Carlos*-Besetzung könnte, so meinten sie, *Lohengrin* in italienischer Sprache singen, zumindest auf Platte. Also Mirella Freni die Elsa, Fiorenza Cossotto die Ortrud, Nicolai Ghiaurov den König, Piero Cappuccilli den Telramund und ich den Lohengrin. Ein faszinierender Gedanke, gewiß. Aber doch reine Utopie – nicht nur, weil Herbert von Karajan niemals auf die Originalsprache verzichtet.

GAGEN

In der öffentlichen Diskussion um die Frage »Was macht die Opernhäuser so teuer?« lautet eine der ersten Antworten immer »Die Gagen der Spitzenstars«. Das hört sich selbstverständlich gut an, läßt sich gut »verkaufen«, aber es stimmt nicht. Jeder, der sich in der Oper ein bißchen auskennt, weiß, daß die enormen Ausgaben anderswo gemacht werden. Beispielsweise für die großen Kollektive Orchester, Chor und Technik und natürlich auch für die Verwaltung. Weit mehr als drei Viertel des Budgets eines Opernhauses sind verbraucht, ehe der erste Sänger die Bühne betritt. Unaufhaltsam steigen diese Kosten Jahr für Jahr, und der (finanzielle) Raum für künstlerische Produktionen wird dadurch immer enger. Es gibt relativ junge Untersuchungen, wonach der Solistengagen-Anteil an den Theateretats kontinuierlich sinkt. Mag sein, daß das Niveau der Solistengagen insgesamt gesehen zu hoch ist. Was die sogenannten Spitzenstars betrifft, herrschen allerdings auch ganz andere Gesetze. Selbst wenn deren Gagen noch so verrückt ausfielen – jedes Haus, das imstande ist, sie zu zahlen, spielt sie auch wieder ein: Je attraktiver die Besetzungslisten eines Opernhauses ausfallen, desto größer wird das Interesse an Eintrittskarten sein, und desto höher sind die Einnahmen. Das zeigt sich immer wieder und in allen bedeutenden Opernhäusern der Welt.

Über Gagen und ihre Höhe zu reden ist eine heikle Sache. Natürlich braucht sich niemand von uns zu rechtfertigen, dennoch möchte ich zumindest den Versuch unternehmen, etwas zu erklären. Dazu muß ich allerdings ein bißchen weiter ausholen.

Es gibt eine Menge von intellektuellen Berufen, in denen die Menschen, die sie ausüben, ungeheure Verantwortung haben. Ein Chirurg, dessen Fähigkeit über Leben und Tod eines Patienten entscheidet beispielsweise. Was ist dagegen ein Tenor, der ein hohes C schmeißt? Nichts, denn am nächsten Tag singt er woanders, und jeder hat das Mißgeschick vergessen. Beim psychischen Druck verhält es sich anders. Möglicherweise ist eine Operation am offenen Herzen (was die Belastung betrifft) mit einer Premiere an der Mailänder Scala vergleichbar. Aber die Verantwortung? Hundertmal, nein tausendmal größer ist die des Chirurgen. Selbstredend.

Ich will nicht bestreiten, daß man auch zum Chirurgen geboren sein muß. Aber es gibt trotzdem zahlenmäßig relativ viele Menschen, die erstklassige Chirurgen werden, doch nur wenige, die in der Oper die Spitze erreichen können. Bis ein Architekt oder ein Arzt »fertig« ist, bedarf es einer mühsamen und langwierigen Vorbereitung. Hinter dem Erfolg steckt ein langes und schweres Studium, steckt harte Arbeit. Genauso ist es auch beim Sänger. Der entscheidende Unterschied ist jedoch: Dem Sänger muß die Natur eine Stimme mitgegeben haben, eine außergewöhnliche natürlich. Es ist ähnlich wie beim Tennis, Millionen Menschen auf der ganzen Welt üben diesen Sport aus, aber nur ganz wenigen ist es vergönnt, zur absoluten Spitze zu zählen. Ohne Talent wird auch aus dem fleißigsten Trainierer kein Ivan Lendl oder Boris Becker.

Talent und die besondere Stimme, diese Gottesgeschenke sind es, die uns zu privilegierten Personen machen. Wir sind bevorzugt, weil wir sie erhielten. Und wenn man genügend Selbstbeherrschung hat, genug Disziplin, genug Intelligenz, genug Glück – dann wird man einer von den wenigen, die eine bestimmte Sehnsucht von Millionen Menschen erfüllen können.

Und wenn man zu diesen wenigen zählt, dann lernt man auch das Gesetz von Angebot und Nachfrage aus der Nähe kennen. Da die Nachfrage das Angebot (an Sängern) weit überwiegt, liegt auf der Hand, warum uns die Operndirektoren hohe Gagen zahlen.

Ich gebe ehrlich zu, daß ich darüber froh bin. Es ist lächerlich und verlogen zu behaupten, man wäre innerlich dazu bereit, einem Intendanten zu sagen: Nein, nein, zahlen Sie mir nicht soviel, ich mag kein Geld. Andererseits weiß ich genau: Wäre die Situation in der Opernwelt ganz anders, ich würde immer noch lieber als festes Mitglied eines Opernhauses mit einem ganz normalen Monatsbezug arbeiten als in jedem anderen Beruf.

Mein wirkliches Privileg ist: Ich mache etwas, das ich nicht nur gerne mache, sondern das ich wirklich liebe. Wozu ich, davon bin ich fest überzeugt, geboren wurde. Und das erlaubt mir dazu noch, ein sehr angenehmes und komfortables Leben zu führen. Obwohl sich viele Kollegen immer wieder darüber beklagen, wie schwierig, anstrengend und kompliziert dieses Leben ist, behaupte ich: Es ist ein wunderbares Leben, solange du glaubst, was du tust.

An dieser Einstellung ändert sich für mich nichts, auch nicht, wenn plötzlich alle nur denkbaren Belastungen auftauchen. In der Tat ist ja der psychische Druck bei

Bühnenkünstlern ähnlich hoch wie bei Spitzensportlern. Es gibt Untersuchungen, wonach sich bei einem Sänger, der die Bühne betritt, der Puls schlagartig um mehr als fünfzig Schläge pro Minute erhöht. Unmittelbar vor und während einer Arie wurden Spitzenwerte bis zu zweihundert Pulsschlägen gemessen, also wesentlich mehr als bei anderen reproduzierenden Künstlern. Vielleicht deswegen, weil beispielsweise Versprecher eines Schauspielers, der Fehlgriff eines Pianisten oder sonstigen Instrumentalsolisten im Publikum in der Regel weniger dramatische Folgen haben als der geschmissene Ton eines Gesangssolisten.

Wer behauptet, kein Lampenfieber, keine Angst zu haben, lügt. Besonders arg ist es verständlicherweise vor einer wichtigen Premiere – und jede Premiere ist wichtig. Ich glaube, wäre vor meiner ersten *Turandot* in Wien eine Fee gekommen und hätte mir versprochen: »Wenn du auf der Stelle zehn Kilo Seife ißt, wirst du heute eine Höhe wie Franco Corelli haben«, ich hätt's getan. (Die Aufführung unter Lorin Maazel mit Eva Marton und Katia Ricciarelli als Partnerinnen wurde übrigens auch so ein unvergeßlicher Triumph.)

Der Streß vor einer Aufführung beginnt eigentlich schon am Morgen. Beim ersten Ton, den ich spreche, weiß ich, ob die Stimme in Ordnung ist oder nicht. Wir Sänger, ich habe es zu Beginn des Buches schon kurz erwähnt, zählen zu den ganz wenigen Interpreten, die nicht nur von ihrem Talent und von ihren Fähigkeiten abhängig sind. Beides ist nur eine Grundvoraussetzung, die aber dann uninteressant wird, wenn die Natur gerade nicht mitspielt. Wenn irgendein Wehwehchen auftritt, und das kann schnell der Fall sein.

Sind die physischen Voraussetzungen in Ordnung, beginnt der psychische Druck. Auch wenn du eine Rolle schon hundertmal gesungen hast, ist er da. Man überlegt: Die Leute erwarten eine ganz bestimmte Leistung von dir, sie wissen, wie du diese oder jene Rolle, eine ganz bestimmte Arie sonst immer singst. Also mußt du heute mindestens ebenso gut sein. Ich habe mir zur Gewohnheit gemacht, jeweils lange vor Beginn einer Aufführung im Theater zu sein. Es hilft mir, Druck abzubauen. Ich habe es sogar ganz gern, wenn Kollegen und Freunde kurz in meiner Garderobe vorbeischauen, um ein wenig zu plaudern. Ich muß nur in meiner »Opernumgebung« sein, das genügt.

So hysterisch manche vor einem Opernabend sein können, so stoisch sind andere. Ich habe einmal mit Alfredo Kraus eine Party besucht, da sagte er plötzlich: »So, jetzt muß ich gehen, meine Vorstellung beginnt um acht Uhr.« Es war kurz vor sieben, und Alfredo sang in der *Regimentstochter*. Normalerweise sperrt sich ein Tenor tagelang ein vor einer solchen Vorstellung…

Mein Freund Piero Cappuccilli kam eines Tages während der Salzburger *Aida*-Serie kurz vor Beginn einer Vorstellung in meine Garderobe, um sich nach meinem Befinden zu erkundigen. Es ging mir ausgezeichnet, sagte ich ihm, wenn nur diese verdammt schwere Arie nicht gleich zu Beginn käme. Das sei doch kein Problem, meinte Piero, stellte sich in Positur und sang den letzten Teil von »Celeste Aida« – samt dem gefürchteten hohen B am Schluß. Er wollte mich damit keineswegs demoralisieren, sondern seine Demonstration hatte eher ein beruhigendes Motiv: Wenn ich das als Bariton kann, dann kannst du es erst recht.

Wie schon gesagt, ich bleibe dabei, daß unser Beruf trotz

mancher Schattenseiten zu den wundervollsten überhaupt zählt. Auch wenn man ihn nicht sein Leben lang
ausüben kann. Normalerweise ist es so: Man kämpft
zehn Jahre, bis man an die Spitze kommt, dann hat man
zehn gute Jahre, und gleich ist wieder alles vorbei. In
dieser Zeit versucht jeder, möglichst viel Geld zu verdienen, das ist klar. Ich hatte das Glück, nach drei Jahren
schon dabeigewesen zu sein, überall gesungen zu haben, und entsprechend hoch war mein Einkommen.
Aber – und das wird von Außenstehenden meist vergessen – wir müssen auch wahnsinnig viel Geld ausgeben.
Die Reisen, die Hotels, der ganze Standard – das ver-
schlingt große Summen. Sicher, es geht mir finanziell
gut, sehr gut sogar. Ich kann heute einen Autosalon betreten und sagen: Der Wagen dort hinten an der Wand
gefällt mir – ich möchte ihn gleich mitnehmen. Dann
zahle ich und fahre weg. Aber von da bis zu einem wirklich reichen Mann ist noch ein weiter Weg, da liegen einige Millionen Dollar dazwischen.
Wahrscheinlich zähle ich zu den höchstbezahlten Tenören der Welt, aber Millionär bin ich keiner. Ich habe lediglich einmal vorgegeben, einer zu sein: Das war in Paris, als ich eines Tages mit dem Taxi von meinem Hotel
zu einem wichtigen Termin fahren wollte. Zunächst
mußte ich entsetzlich lange warten, bis endlich ein Taxi
da war. Als ich dann dem Fahrer die Adresse nannte,
sagte er seelenruhig: »Fahren Sie lieber mit der Metro,
das geht schneller.« Dabei öffnete er die Autotür und
bedeutete mir auszusteigen. Ich war wütend, auch weil
ich wußte, daß ich zur nächsten Metro-Station einen
längeren Fußmarsch hätte zurücklegen müssen. Daher
antwortete ich dem Taxifahrer mit großer Würde: »Ich
bin Millionär, und ein Millionär benützt keine Metro.«

Ohne jeden weiteren Widerspruch fuhr der Mann los, offenbar in der Hoffnung, ein entsprechend hohes Trinkgeld zu kassieren...

Zwischen den Auftritten

Man kann nicht unbedingt behaupten, daß ein gefragter Opernsänger über viel Freizeit verfügt. Vorbereitung, Reisen, Plattentermine, Empfänge und ähnliches nehmen so viel Zeit in Anspruch, daß für Hobbys kaum etwas übrigbleibt. Eine der vielen schönen Seiten unseres Berufes ist das Privileg, laufend interessante Menschen kennenzulernen. Wenn ich sage »interessant«, dann meine ich nicht den sogenannten Jet-set, wenngleich ich auch unter der Stammkundschaft der Regenbogenpresse gescheite und angenehme Leute kennengelernt habe. Meistens sind solche Treffen allerdings langweilig und nichtssagend.

Wenn ich jedoch Gelegenheit habe, mich während eines Diners – so geschah es eines Tages in New York – eineinhalb Stunden mit dem Rektor der Yale-University zu unterhalten, dann glaube ich, in einer anderen Welt zu sein. Man fühlt sich zwar ein bißchen wie ein Zwerg, aber so einem faszinierenden Mann zuzuhören, das macht einen als Menschen reicher, öffnet die Augen für ganz neue Dinge.

Ich interessiere mich beispielsweise sehr für Politik, doch will ich nicht Politik machen. Das heißt, ich äußere mich nicht öffentlich zu politischen Problemen, weil ich es für fragwürdig halte. Ich bin in einem gewissen Kreis der Bevölkerung sehr bekannt, für viele vielleicht sogar ein Vorbild. Was ich sage, kann Gewicht für diese Leute haben. Ich lehne es jedoch ab, diesen Status zu mißbrauchen. Künstler, die im Bewußtsein ihrer Popularität politische Meinung machen, sind für mich suspekt. Sie kennen sich in der Politik oft um nichts besser aus als ein x-beliebiger Bürger, ihre Meinung sollte daher auch nicht mehr Gewicht haben, selbst wenn sie noch so berühmt sind. Sie sollten sich meiner Meinung nach nicht von Politikern, die gewählt werden wollen, mißbrauchen lassen.

Politiker, die mir besonders imponieren, das sind jene, die für die Freiheit und gegen die Unterdrückung kämpfen, die sich für große Themen der Zeit, für Gerechtigkeit einsetzen, die den Weitblick haben, der dem Durchschnittsmenschen abgeht.

Solche Köpfe bewundere ich, doch um nichts weniger verneige ich mich vor den kleinen anonymen Helden des Alltags oder vor Wissenschaftlern aller Sparten, in letzter Zeit natürlich besonders vor den im medizinischen Bereich tätigen.

Im Laufe des Berufslebens kommt man auch innerhalb der Opernhäuser mit höchst interessanten Menschen zusammen. Es ist ein Irrtum, zu glauben, wenn Opernleute beieinandersitzen, würde nur über Oper und Musik gesprochen.

Sosehr ich die Musik liebe, ich könnte mich niemals ausschließlich auf sie konzentrieren und deshalb auf die anderen schönen Künste verzichten. Auch sie sind für mich lebensnotwendig. Zur Malerei hatte ich von jeher eine starke Bindung, denn schon als wir noch Kinder waren, wiesen die Eltern entsprechend stolz darauf hin, wie reich unser Land an großen Malern war und ist. Wo immer ich Zugang zu Kunstbüchern hatte, besah ich mir die prachtvollen Farbtafeln und las über die Schöpfer der Bilder. Wir gingen zu Ausstellungen und in Museen, leider war es mir erst relativ spät vergönnt, den Prado zu besuchen.

Der Prado in Madrid vereint bekanntlich Spitzenwerke der Malerei, die in ihrer Dichte von keinem anderen Museum der Welt erreicht werden. Als ich das weltberühmte Haus zum erstenmal besuchte, war das für mich ein bedeutender Augenblick. Diese Fülle an Werken von Künstlern wie Greco, Tizian, Velazquez, Rubens und Goya in ihrer originalen Größe sehen zu dürfen, schien mir wie ein Geschenk. Die großen Maler, Bildhauer oder Architekten der Geschichte sind allesamt bewundernswert. Natürlich faszinieren mich El Greco oder unsere katalanischen Meister Salvador Dalí und Joan Miró, natürlich kann ich für Michelangelo schwärmen, mich an der Baukunst von Palladio begeistern – und doch bevorzuge ich einen, der noch dazu aus einem nördlichen Kulturkreis kommt: Rembrandt, dessen Werk für mich monumentale Größe hat, an dem ich mich kaum satt sehen kann. Heutzutage müßte ich allerdings eher sagen, ich bevorzuge die Bilder, die Rembrandt zugeschrieben wurden – egal ob sie nun von ihm gemalt worden sind oder nicht.

Eine meiner großen Leidenschaften gehört aber der Literatur, dem Lesen. Bücher haben mich mein Leben lang und überall hin begleitet, ich liebe sie manchmal so wie die Musik. Es hängt logischerweise von meiner Stimmung ab, was ich lese. Zwischen klassischer Literatur und Harold Robbins ist ein weites Feld, und es gibt kaum ein Genre, das mich nicht interessiert. Es fällt mir schwer, absolute Favoriten zu nennen, zwei Spanier zählen jedoch sicher zu meinen Lieblingsautoren. Es sind Antonio Machado und Pedro Salinas, dessen Lyrik ich erst in letzter Zeit näher kennengelernt habe. Von seinem Gedicht-Zyklus »La voz a ti debida« bin ich so begeistert, daß ich vorhabe, eine Platte aufzunehmen. Der spanische Komponist Antoni Parera wird die Musik dazu schreiben.

Ein Lieblingsbuch habe ich allerdings schon. Es ist eigentlich nur ein Büchlein, und ich habe es unzählige Male gelesen: »Der Gärtner« von Rabindranath Tagore. Der Autor ist schon lange aus der Mode gekommen, mir hat er jedoch mit dieser Liebes- und Lebenslyrik oft geholfen. Eine Zeitlang führte ich das Büchlein stets mit mir. War ich deprimiert, unglücklich über mich selbst, oder stimmte sonst irgend etwas nicht mit mir, so schöpfte ich bei Tagore neuen Mut. Er zeigt, wie man das Leben sehen soll, und die Poesie der Sprache gefällt mir, wenngleich sie von manchen Leuten als zu pathetisch bezeichnet wird. Die Lektüre gab mir immer Kraft, das Bändchen war für mich eine Art Bibel. Obwohl ich – auch außerhalb meiner Familie – genügend Freunde habe, die ich ansprechen kann, wenn ich psychische Unterstützung brauche, so war dieses Buch meist die erste Station der Zuflucht.

Lesen bedeutet für mich freilich in erster Linie Zerstreuung. Manchmal habe ich gleichzeitig mehrere Bücher »in Arbeit«, je nachdem wie mir zumute ist, hole ich mir das entsprechende Buch heraus. Es ist ähnlich wie beim Musikhören. Wer ununterbrochen nur Mahler hört und sonst nichts, der ist verrückt oder zumindest stimmt etwas mit ihm nicht. Viele Leute glauben, wer sich beruflich mit klassischer Musik befaßt, den interessiert andere Musik nicht. Was mich betrifft, ist das grundfalsch. Ich respektiere jede Art von Musik, sofern sie gut ist. Nehmen wir zum Beispiel die Musik der Beatles. Als sie groß und berühmt wurden, habe ich das nur am Rande mitbekommen, weil ich damals mit mir selbst und meinem Studium zu sehr beschäftigt war. Ich hatte nicht die Zeit, mich mit ihrer Musik näher zu befassen, für mich waren sie eine Popgruppe wie jede andere. Das Außergewöhnliche an den Beatles habe ich erst später entdeckt, weiß ich erst heute richtig zu schätzen, einige ihrer Lieder gehören zu den schönsten Kompositionen, die ich kenne, und sind praktisch Klassiker.

Natürlich erhebt sich da für uns die Frage: Warum sollen wir nicht auch solche Lieder singen? Zwischen Verdi, Puccini und Bizet eine Platte mit Popmusik oder populären Schlagern aufzunehmen oder vielleicht sogar ein Konzert zu geben, empfinde ich fast wie eine Frischluft-Zufuhr, das ist doch herrlich. Nebenbei bemerkt sind tenorale Ausflüge in andere Reviere absolut nichts Neues. Caruso, Gigli, Schipa und wie sie alle heißen, unternahmen sie, weil sie dazu imstande waren. Manch andere Kollegen klangen jedoch selbst bei einfachsten Schlagern wie ein Tenor, manche aber wirklich wie Sänger. Neapolitanische Volkslieder von Giuseppe di Stefano – wenn das kein Genuß ist!

Mir bereitete im übrigen auch die Mitwirkung an zwei Musical-Platteneinspielungen großes Vergnügen. *South Pacific*, das in Amerika sehr populär ist, und *Westside Story*. Daß Leonard Bernstein seinen Welterfolg selbst – und zum erstenmal – dirigierte, machte die Arbeit an *Westside Story* außerordentlich attraktiv.

Es gibt mehrere Gründe, warum ich auch die sogenannte Popmusik singe: Sie gefällt mir genauso gut wie Millionen anderen Menschen auf der Welt. Es ist ent-

spannend, sie zu singen, und zuletzt hoffe ich, Werbung
für die Oper zu machen. Es könnte immerhin sein, daß
sich Hörer solcher Platten für den Interpreten Carreras
zu interessieren beginnen und damit möglicherweise
auch die Schönheiten und faszinierenden Seiten der
Oper für sich entdecken.

LIEBLINGSOPERN

Schon oft wurde mir die berühmte »Inselfrage« gestellt,
welche Opern ich (auf Schallplatten) mitnehmen
würde, müßte ich eine sehr lange Zeit auf einer einsa-
men Insel verbringen. Dürfte ich von jedem der ganz
großen Komponisten ein Werk auswählen, würde ich
höchstwahrscheinlich zwischen den folgenden (wobei
ich selbstverständlich auch Traumbesetzungen wüßte,
die leider nie zustande kommen können) entscheiden:
Von Mozart *Le Nozze di Figaro* oder *Don Giovanni*; von
Rossini natürlich *Il Barbiere di Sevilla* (ein Plattenpro-
jekt unter der Leitung von Claudio Abbado mit Placido
Domingo als Figaro und mir als Almaviva ist leider nie
Wirklichkeit geworden); von Bellini *Norma*; von Donizetti *L'Elisir d'Amore* oder *Roberto Devereux*; von Wagner *Tristan und Isolde* und als »Ergänzung« die letzten
20 Minuten des 1. Aktes von *Die Walküre*; von Bizet natürlich *Carmen*; von Puccini *La Bohème* oder *Manon
Lescaut*, von Strauss *Der Rosenkavalier*; am schwersten
fiele mir die Wahl bei Verdi – *La Traviata, Rigoletto, Il
Trovatore, Ballo in Maschera* sind alle Meisterwerke. Bei
Ballo kommen für mich noch emotionale Aspekte dazu:
Am Tag nach meinem ersten Riccardo in Parma kam
mein Sohn Alberto auf die Welt. Fünf Jahre später
nahm ich das Stück in London auf Platte auf, und weil

wir einen Tag früher fertig wurden, konnte ich auch früher nach Hause – genau an dem Tag wurde meine Tochter Julia geboren. Und schließlich debütierte ich in *Ballo* an der Scala di Milano. Aber trotz allem wäre meine »Inseloper« keine von all diesen, sondern – nach qualvollen Überlegungen – *Don Carlos*.

Auf zwei, sowohl von den stimmlichen Erfordernissen als auch von ihren Charakteren her ziemlich unterschiedliche Partien, die zu meinen liebsten als Interpret zählen, möchte ich hier ein wenig näher eingehen: Es sind Rodolfo in *La Bohème* und Don José in *Carmen*.

Die in *La Bohème* auf so wunderbare Weise wiedergegebene Poesie des Pariser Künstleralltags hat mich von allen Opernstoffen während meiner Studienzeit am meisten fasziniert. Kein Wunder, denn mit diesem armen, aber fröhlichen, in einer Mansarde lebenden Quartett haben wir uns ein wenig identifiziert. Der schwärmerische Poet Rodolfo – das war mein Mann. Um die Oper und die darin vorkommenden Charaktere besser zu verstehen, besorgte ich mir sogar die literarische Vorlage für Puccinis Meisterwerk, Henri Murgers Roman »Scènes de la Vie de Bohème«. Der Autor war selbst eine schillernde Figur, wollte Maler werden, verdingte sich als Journalist, bis ihm mit dem Roman als Ergebnis von zusammengefügten Zeitungsreportagen ein für damalige Verhältnisse großer Wurf gelang. Mir gefiel die Melancholie seiner Geschichte ebenso wie die immer wieder aufblitzende Ironie, man spürte als Leser: Der das schreibt, muß all das oder zumindest sehr ähnliches selber erlebt haben. Mehr ein Beschreiber als ein Dichter. Und so war es ja auch.

Daß der geniale Puccini die Pariser Atmosphäre in seiner Musik so perfekt getroffen hat, obwohl er die Stadt damals gar nicht kannte, ist ein Wunder für sich. Und wie er das Rührende dieser Menschenschicksale am Rande der Gesellschaft musikalisch zum Ausdruck brachte, das hat mich als jungen Studenten von Anfang an gepackt.

La Bohème ist vom musikalischen Stil her eine äußerst elegante Oper, der Dialog zwischen Singstimme und Orchester von größtem Zauber, egal ob in den intimen Liebesszenen oder den grellen Ensembleszenen. Die Arien sind fast durchwegs von geradezu süchtiger Hingabe. Ich glaube, nirgendwo hat der Tenor die Möglichkeit, Liebe, Eifersucht, Not, Hoffnung und Verzweiflung in so unverwechselbarer Weise zu artikulieren. Das Herzstück der Oper ist für mich der 3. Akt, er erfordert auch den größten sängerischen Einsatz. Das zärtliche Sich(wieder)finden von Mimi und Rodolfo zählt zu den Sternstunden der Opernliteratur. Karajan dirigiert das unvergleichlich, und ich erinnere mich, wie er während einer Probe in der Wiener Staatsoper die Szene unterbrach und auf die Bühne rief: »Ihr bewegt euch, als wäret ihr in einem Eiskasten.« Worauf Mirella Freni zurückrief: »Aber Maestro, was sollen wir sonst tun – es ist kalt, und außerdem schneit es!«

Ich liebe die Partie des Rodolfo auch, weil er ein Typ ist, den man mag, für den man Verständnis aufbringt. Auch wenn er sich vorher vielleicht ein bißchen dumm und eifersüchtig benimmt, seinen wahren, guten Charakter zeigt er am Schluß des 3. Aktes und vor allem im 4. Akt. Die Komponisten haben zum Glück die Liebhaberrollen für die Tenöre geschrieben, wohl deshalb, weil Tenöre jünger klingen als Baritone oder Bässe. Und Liebhaber schneiden nun einmal, was die Sympathiewerte betrifft, günstiger ab. Es ist übrigens bemerkenswert, daß die Tenöre in den sechs großen Opern Puccinis mit einer Ausnahme am Ende überleben dürfen. Nur Cavaradossi stirbt.

Dazu gibt es einen köstlichen Ausspruch meiner Tochter Julia. Es war bei einem ihrer ersten Opernbesuche, einer *Tosca*-Vorstellung in Madrid. Julia war damals drei Jahre alt. Kaum war Cavaradossi unter der Salve des bunt kostümierten Hinrichtungskommandos zusammengebrochen, rief sie aufgeregt: »Warum erschießen diese Bajazzi meinen Vater?«

Jeder Sänger sucht in den Rollen, die er singt, Parallelen zum eigenen Charakter. In der Figur des Rodolfo gibt es einiges, das ich in mir wiederfinde. Und das gilt auch für Don José in *Carmen*.

Der Don José ist sicher meine wichtigste Rolle der letzten Jahre. Zwischen 1982 und 1987 habe ich die Partie öfter als hundertmal gesungen. In Madrid, Mailand, Salzburg, Wien, London, New York, um nur die wichtigsten Stationen zu erwähnen. Ich sang die Rolle in Produktionen von Ponnelle, Zeffirelli oder Hall, unter der Leitung von Dirigenten wie Karajan, Maazel oder Levine. Und am öftesten mit der wunderbaren Agnes Baltsa als Carmen.

Ich glaube, *Carmen* ist die populärste Oper überhaupt. Wenn man auf der Straße wahllos herausgegriffene Passanten fragte, welcher Operntitel ihnen auf Anhieb einfällt, lautete die Antwort wahrscheinlich in 99 von 100 Fällen *Carmen*. Davon bin ich überzeugt. Wer kennt nicht das Torerolied oder die Habanera? Jedes Kind singt schon »Auf in den Kampf…« – eigentlich ist diese Popularität unglaublich. Aber noch viel unglaublicher ist, daß diese Oper bei ihrer Uraufführung vom Publikum nur sehr reserviert aufgenommen und von der Kritik geradezu in der Luft zerfetzt wurde. Bizet erlebte bekanntlich nicht mehr, daß *Carmen* zum Welterfolg wurde, er starb drei Monate nach der Uraufführung.

Wie bei allen sehr bekannten Stücken ist der Erfolgs-Streß für Sänger bei *Carmen* besonders groß. Man weiß, daß nahezu jeder im Zuschauerraum mitsingen könnte, man fühlt sich wesentlich stärker kontrolliert als normalerweise, ist gewissermaßen auf einem *Carmen*-Vergleichs-Prüfstand.

Das Schwierige an einer Zwischenfachpartie, wie der Don José eine ist, liegt in der Umstellung zwischen Lyrik und Dramatik. Der 1. Akt verlangt nach einem lyrischen Tenor – wenn im Duett mit Micaela ein stimmlicher Kraftprotz am Werk ist, hört sich das nicht besonders erfreulich an.

Im 2. Akt wartet zunächst jeder auf die Blumenarie, und natürlich auf das hohe B am Schluß. Bei der Salzburger *Carmen* unter Karajan gab es heftige Diskussionen um diesen Ton, weil ich ihn auf Wunsch des Maestro mit Kopfstimme sang. Es gibt bestimmte Dinge, die man nur mit Karajan machen kann, das B im Piano zu singen, ist so eine Sache. Sein Konzept dieser Arie ist anders, das Orchester ist entsprechend darauf abgestimmt. Die Blumenarie wird plötzlich zu einer unwahrscheinlich dezenten Liebeserklärung, die logischerweise gar nicht anders enden kann. Dazu brauchte er einen Tenor, der das kann – und auch den Mut hat, den letzten Ton mit Kopfstimme zu singen. Denn viele Zuhörer sehen den zwingenden musikalischen Aufbau nicht und denken: Aha, der Tenor kann das B nicht mit Bruststimme singen. In der Scala di Milano ein Kopf-B an dieser Stelle zu singen käme wahrscheinlich einem Selbstmordversuch gleich. Mir gefiel jedenfalls, es einmal so und dann wieder »normal« zu singen.

Gleich in der nächsten Szene des 2. Aktes, mit dem Auftritt des Leutnants Zuniga, wird die Partie dramatisch. Hier muß ein Tenor Akzente setzen können, sonst geht er unter. Noch schwieriger wird es im 3. Akt, in dem Lyrisches mit Dramatischem abwechselt, stellenweise kommt noch eine besonders dicke Orchestrierung dazu.

Die Interpretation ist im sich musikalisch von Minute zu Minute steigernden 4. Akt das alles Entscheidende, da kommt es wirklich auf jedes Wort an, zeigt sich, ob der Tenor imstande ist, die nötige Farbe einzubringen. Es gibt nur ganz wenige Opernszenen, in denen derart viel von der Partnerin abhängt, wie im Finale von *Carmen*. Agnes Baltsa kennt mich so gut, daß sie am besten weiß, wie sie mich aus der Reserve locken kann.

Ich habe es vorhin schon angedeutet, irgendwie verstehe ich den Charakter von Don José sehr gut. Nicht den aus der Novelle von Mérimée, der brutal vorgeht und ohne Zögern entscheidet, sondern den anderen, den »Opern-José«. Erstens bin ich selber Spanier, zweitens so wie er – vor allem zu Beginn der Oper – ein wenig scheu, aber doch zugleich sehr stolz. 100 Männer umschwirren Carmen bei ihrem ersten Erscheinen, nur einer schaut nicht hin. Einer, der nicht so sein will wie alle anderen. Das gefällt mir, ich würde es wahrscheinlich auch so machen, um an eine von allen begehrte Frau heranzukommen. Carmen reagiert ja auch prompt.

José ist allerdings ein Anfänger in der Liebe. Er erlebt so etwas zum erstenmal, auch wenn er nett und liebevoll über Micaela spricht, so empfindet er für sie doch eher schwesterliche Gefühle, er kennt die wahre Leidenschaft noch gar nicht, als er Carmen trifft. Aber instinktiv spürt er, daß er sich ihretwegen ruinieren wird.

Ich kann nicht präzise sagen, wo sich die Wege des Menschen Carreras und der Bühnenfigur José trennen. Vieles, wenn nicht alles, wäre ich imstande auch zu tun. Ein impulsiver Typ, der sich schnell für etwas begeistern kann, der rasend liebt und rasend eifersüchtig ist. Es fällt mir leicht, mich in seine Lage zu versetzen, ich habe Verständnis für diesen ganzen Akt der Selbstzerstörung. Was Carmen mit ihm treibt, ist zuviel. Zuletzt, wenn sie vor der Arena aufeinandertreffen, haßt er sie bereits aus tiefstem Herzen, aber er kann nicht auf sie verzichten. Darüber kann sein letztes Flehen und Beschwören nicht hinwegtäuschen. Er ist ihr hörig und total verfallen und was ihn zum letzten treibt, sind bereits animalische Instinkte. Ich glaube, heutzutage würde ihn kein Gericht wegen Mordes verurteilen, denn Carmens Provokation hat ihm den Verstand geraubt. Wahrscheinlich stehen überhaupt nur militante Frauenrechtlerinnen auf der Seite von Carmen.

Die Rollen von Carmen und Don José, ihr Konflikt sind absolut zeitlos – das fasziniert nicht nur die Zuschauer, es hat auch für uns Künstler einen großen Reiz. Über die Musik brauche ich kein Wort zu verlieren – *Carmen* ist einfach *Carmen*.

NACHWUCHSKRISE

In den letzten Jahren ist viel über die »Krise der Oper« geschrieben worden. Es geht vor allem um die Finanzier-
barkeit der gesamten Institution, weil die Kostenexplo-
sion immer schwerer unter Kontrolle gebracht werden
kann und weil das Geld immer knapper wird.

Wenn ich von der »Krise der Oper« höre, dann denke ich
zuerst an die Sänger und das Nachwuchsproblem. Mir ist
bekannt, daß darüber zu allen Zeiten gejammert wurde,
ich meine aber, der Talentemangel hat heute fast schon
dramatische Dimensionen erreicht. Der Schein trügt,
könnte man bei oberflächlicher Betrachtung durchaus
sagen, denn selbst die brillanteste Spitze einer Pyramide
nützt nichts, wenn für die erneuerungsbedürftige Basis
nur unzureichendes Material zur Verfügung steht – das
Bauwerk muß einstürzen. Wenn es auf dem Sektor des
Sängernachwuchses so weitergeht, dann sind wir nicht
mehr in einer Krise, dann naht das Ende der Oper. Denn
die logische Folge der Nachwuchskrise ist, daß es irgendwann keine erstklassigen Kräfte und große Sängerper-
sönlichkeiten mehr gibt, sondern nur noch Mittelmaß
oder gar nur noch Unterdurchschnittliches. Wer will dafür noch Eintritt zahlen?

Zu allen Zeiten gab es diese zahlenmäßig relativ kleine
Sängerelite, deretwegen die Leute vor allem in die Oper

gingen. Man wollte nicht zu *Tosca*, man wollte zur Callas. Das ist auch heute noch so, was sich ändert, sind nur die Namen. Die richtigen »Appassionati« kommen auch des Stückes wegen. Sie verlangen nicht unbedingt nach den ganz großen Stars (obwohl sie sich bestimmt nicht dagegen wehren würden), aber sie wollen zumindest solide, musikalisch sattelfeste Sänger, die über jede Klippe hinwegkommen und imstande sind, eine Rolle ordentlich zu singen. Dieser Teil des Publikums zählt zu den Säulen der Oper. Wenn solche Leute eines Tages ausblieben, weil sie das Angebot als Zumutung empfinden, dann wäre das ein Alarmzeichen.

Auch der »Publikums-Nachwuchs« muß zwangsläufig stagnieren, wenn es den Opernhäusern an Attraktivität mangelt. Es ist zwar zum Glück so, daß die Faszination eines Theaterabends manche Schwäche wettmacht, daß vielen dieses Live-Ereignis mehr bedeutet als die perfekteste Platte oder Videoproduktion, aber zuerst müssen die Leute ins Theater hineingebracht werden.

Angelockt werden sie allerdings vornehmlich durch Namen, die sie aus den Massenmedien kennen. Trotzdem blieb vielen Opernintendanten kleinerer Häuser gar nichts anderes übrig, als vom Stagione-System zum Ensemble-Theater umzuschwenken und somit darauf zu verzichten, Stars zu engagieren. Aber was passierte sehr bald? Sie begannen sich irgendwo doch das Geld zu beschaffen, um Spitzengagen zahlen zu können. Mir sind unglaubliche Fälle bekannt – so manches winzige, weithin unbekannte Opernhaus zahlte plötzlich höhere Gagen als die renommiertesten Häuser. Der Grund dürfte vor allem in einer gewissen Direktoren-Eitelkeit zu finden sein.

DOPPELPERSON

Im allgemeinen sieht das Publikum hinter der Person
eines in allen Opernhäusern gefragten Tenors nur
Glanz, Ruhm, Luxus, Reichtum. Daß wir uns das hart
erarbeiten mußten und immer weiter an uns arbeiten
müssen, daß dieses Zigeunerleben rund um den Erdball
gar nicht so lustig ist oder daß es sehr weh tun kann, so
oft und so lange von den Menschen getrennt sein zu
müssen, die man liebt, wird dabei übersehen. Keine
Angst, ich habe nicht die Absicht, unser und im speziellen mein Schicksal zu bejammern, denn für mich ist
mein Traumberuf Wirklichkeit geworden, was will ich
mehr? Aber es gibt dennoch Phasen, in denen einem
dieses Aus-dem-Koffer-Leben, das Alleinsein zum Hals
heraushängt. So grotesk es auch klingen mag, selbst
umschwärmte und ständig von Menschen umlagerte
Sänger können recht einsam sein.
Diese Einsamkeit ist ein Problem, das meist erst auftritt,
wenn man einen ganz bestimmten Standard erreicht hat
und etabliert ist. Ich habe darüber oft nachgedacht, und
die Frage, ob so ein »Tenor-Leben« eigentlich nicht zu
verrückt ist, hat mich schon lange vor meiner Krankheit
stark beschäftigt.
Zu Beginn meiner Opernlaufbahn war alles neu und
dementsprechend faszinierend. Ich befand mich im Sog

meiner eigenen Begeisterung und war bereit, jede Schwierigkeit auf mich zu nehmen, um Karriere zu machen. Ich hätte vermutlich zwischen Auftritten in Paris und Mailand noch ein Konzert in der Eisenbahn gegeben, wäre am nächsten Tag ohne Murren nach Tokio geflogen, um eine Platte aufzunehmen, hätte beim Rückflug eine neue Partie gelernt, wenn das jemand verlangt hätte etc.

Ich war in den ersten paar Jahren besessen von der Arbeit, wollte keine Gelegenheit auslassen, mit bestimmten Dirigenten und Kollegen zu arbeiten, Platten aufzunehmen und in den bedeutenden Opernhäusern und Konzertsälen aufzutreten. Ich glaube, es geht jedem von uns so. Man macht einfach mehr, als Kapazität vorhanden ist. Kein Wunder, denn man ist auf einmal dort angelangt, wo man hin wollte, wovon man geträumt hat. Wer würde es verpassen wollen, auf diesen Zug zu springen und die Reise mitzumachen? Einen Zug, von dem man nicht weiß, ob er noch einmal vorbeikommt.

Ich tat alles gerne, immer mit totalem Einsatz und der nötigen Disziplin, war glücklich und geschmeichelt, so viele Angebote zu bekommen, denn wenn es technisch und physisch möglich wäre, hätte ich jeden Abend im Jahr irgendwo auftreten können.

Aber eines Tages, nachdem ich in der Welt der Oper praktisch alles erreicht hatte, fing ich an, immer häufiger statt an den Künstler Carreras an den Mann Carreras zu denken. Und der Mann sagte: Gut, als Künstler bist du jetzt in einer äußerst angenehmen Lage, hast eine tolle Position erreicht, wunderbare Projekte gemacht – was aber ist mit dir als Mann? Und er forderte den Künstler auf: Gib mir doch die Chance, auch ein Stück von diesem Leben zu haben! Ich sehe nicht ein, warum ich wochenlang in Hotelzimmern herumhocken muß, ich sehe nicht ein, wieso ich von meiner Familie getrennt sein muß, ich sehe nicht ein, wieso ich andauernd auf meine Stimme achtgeben muß, und ich bin eifersüchtig auf ganz normale Leute, die elf Monate in einem Büro sitzen und dann einen Monat Urlaub machen.

Aber sowie ich mir das gesagt hatte, mußte ich ehrlicherweise eingestehen, daß der Künstler ein sehr privilegierter Mensch ist. Er tut, was immer er tun will. Jeder Wunsch wird ihm erfüllt. Er ist erfolgreich und wahrscheinlich würden 99 Prozent der Menschen gerne mit ihm tauschen, gerne in seiner Situation sein.

In diesem gespaltenen Zustand, dieser Doppel-Persönlichkeit ist der Künstler eindeutig der stärkere, er knebelt den Mann, zwingt ihm seinen Willen auf – und der Mann akzeptiert das schließlich.

Trotzdem bildeten meine diesbezüglichen Zwiegespräche mit Sicherheit die Basis für meine heutige, doch ziemlich veränderte Sicht des Lebens.

Kein Problem, der Stimme der Vernunft zu folgen, wäre da nicht auch das Temperament. Wenn ich etwas zu tun habe, etwas erledigen muß, im Kopf mit mir herumtrage, dann kann ich nicht gemütlich zu Hause sitzen und beispielsweise fernsehen. Andere Leute vergessen oder verdrängen das. Sie entspannen sich, gehen zum Tennis oder Schwimmen und denken: Morgen, wenn ich an meinem Arbeitsplatz bin, erledige ich meine Aufgaben. Nach dem Motto: »Alles zu seiner Zeit.« Es ist vermutlich der richtige Weg, so zu handeln – man muß es allerdings können. Ich kann es nicht. Ich bin (ausgenommen beim Lesen) außerstande, ruhig zu sitzen, ich kann keine halbe Stunde konzentriert dem Fernsehprogramm folgen (außer es gibt eine Fußballübertragung), muß immer telefonieren oder sonst etwas tun. Wenn ich ein paar Tage nichts zu tun habe, bin ich nicht mehr ich selbst. Deshalb konnte ich auch nie Urlaub im klassischen Sinn machen. Es ist für mich einfach unvorstellbar, auch nur eine Viertelstunde in der Sonne zu liegen. Erstens, weil ich mich langweile, zweitens, weil die Hitze unangenehm ist. Ich bin übrigens davon überzeugt, daß die meisten Menschen so empfinden, sie legen sich aber trotzdem in die Sonne, weil sie glauben, daß sie danach besser aussehen.

Nein, Erholung finden kann ich nicht, indem ich zwei Wochen auf die Bahamas reise. Das würde absolut nichts bringen. Wenn ich aber zu Hause in Spanien sein darf, meine engsten Freunde treffe, mit ihnen Karten spielen, reden und lustig sein kann, das bedeutet für mich Entspannung.

Einen ganz großen Ferienwunsch habe ich allerdings schon. Und ich hoffe, ihn mir eines Tages erfüllen zu können: Ich möchte mit drei Freunden in einem Wohnmobil durch die Vereinigten Staaten reisen – nur mit Blue jeans, Zahnbürste und Kreditkarte. Mich um keine Flüge, keine Termine, keinen Smoking oder Frack, nicht um die Stimme kümmern müssen. Davon habe ich jahrelang geträumt. Eine solche Reise hätte für mich aber mehr den Charakter eines Abenteuers als den eines Urlaubs.

Vorher möchte ich aber unbedingt etwas nachholen und Spanien besser kennenlernen. Ich glaube, wir wissen alle um dieses Phänomen: Die Leute reisen in die entlegensten Winkel der Welt, aber von ihrer näheren Umgebung wissen sie so gut wie nichts. Nach meiner Krankheit habe ich mir fest vorgenommen, zum Beispiel Andalusien für mich zu erforschen. Sicher, ich kenne

Städte wie Granada, Sevilla, Malaga oder Cordoba, aber ich habe mir nie die Zeit genommen, die Landschaft, kleine Dörfer oder auch etwas verstecktere Sehenswürdigkeiten zu erkunden. Andalusien zählt sicher zu den schönsten Flecken auf dieser Welt, für einen Spanier wie mich ist es fast eine Schande, diesen Teil meiner Heimat nur oberflächlich zu kennen.

Wann immer in den letzten Jahren irgendwo ein Tenor einmal einen weniger guten Abend hatte, tauchte sofort die Kritik auf: Kein Wunder, sie singen alle zu viel beziehungsweise zu oft, aber keiner will ein paar Wochen Urlaub machen.

Das ist, mit Verlaub gesagt, blanker Unsinn. Zumindest was mich betrifft. Meine Faustregel war immer: Zwei bis drei Auftritte pro Woche, aber mindestens zwei Tage Pause zwischen den Vorstellungen. Die brauche ich, um mich zu erholen und um wieder Lust auf das Singen zu bekommen. Kaum dauerte eine Pause länger, also beispielsweise eine Woche, begann ich das Singen derart zu vermissen, daß sich meine Laune schlagartig verschlechterte. Wenn man selbst das dringende Bedürfnis hat zu singen, dann kann es wohl nicht schädlich sein, sofern unsere »Werkzeuge« in Ordnung sind. Im übrigen sind zu lange Pausen für die Stimme nicht besonders gut.

Ausnahmen gibt es natürlich auch da, doch die sind praktisch nie geplant. Eines Nachmittags erhielt ich in Milano gegen fünf Uhr einen Anruf aus der Scala: Ob ich in der Abendvorstellung für den plötzlich erkrankten Pavarotti in *Ballo in Maschera* einspringen könnte. Ich erfüllte der Direktion den Wunsch gern, obwohl ich am Tag zuvor in Nizza *La Bohème* gesungen hatte und für den nächsten Tag in der Scala als Don Carlos angesetzt war. Es war zwar anstrengend, drei Tage hintereinander zu singen, aber es gelang ohne nennenswerte Probleme.

Seit mir jemand eine Auftrittsliste des legendären Tenors Helge Rosvaenge gezeigt hat, kann ich über den Vorwurf, wir sängen heutzutage zu oft, nur schmunzeln. Die Zahl der von ihm absolvierten Vorstellungen ist unglaublich, das Repertoire ebenfalls. Rosvaenge sang zum Beispiel im Oktober 1936 in verschiedenen europäischen Städten beinahe jeden Tag, und zwar sechzehn Opernvorstellungen und neun Konzerte. Unmittelbar hintereinander *La Bohème, Rigoletto, Ballo in Maschera, Butterfly, Zauberflöte, Il Trovatore, Aida, La Traviata* und *Carmen* zu singen ist eine enorme Leistung. Wie er das schaffte, ist mir schleierhaft, wobei am Rande noch zu bedenken ist, daß die Reisemöglichkeiten von Opernhaus zu Opernhaus in den dreißiger Jahren im Vergleich zu heute mehr als bescheiden waren. Sowohl hinsichtlich der Geschwindigkeit als auch, was den Komfort betrifft.

Das Jahr 1988

Noch einmal zurück in das Jahr 1988. Es war für mich das Jahr meiner Wiedergeburt – geistig, körperlich und natürlich auch künstlerisch. Nach der bedrohlichen und deprimierenden Krise, als alles verloren zu sein schien, nach der ersten Phase der Genesung im Frühjahr, nach dem langsamen Neubeginn des Sängers Carreras im Frühsommer, nach dem geglückten Comeback vor dem Arc de Triomf im Juli in Barcelona bereitete ich mich auf den nächsten Schritt vor: Ich wollte endlich wieder in einem Opernhaus singen, wenn auch zunächst nicht in einer Oper. Ereignen sollte sich das am 16. September in Wien, der Stadt, zu der ich nach Barcelona die größte emotionale Bindung habe. Über dieses Konzert möchte ich hier noch etwas ausführlicher berichten, denn es stellte für mich die endgültige Rückkehr in meine Welt dar – in die Welt der Musik.

Zwei Wiederberührungen mit der Opernszene hatten allerdings schon vorher stattgefunden. Die erste war irgendwie skurril. Anfang Juli wurde in Barcelona im Rahmen eines Filmfestivals die Comencini-Verfilmung von *La Bohème* gezeigt. Man lud mich dazu ein, es hätte schließlich mein Film werden sollen. Nach meiner Erkrankung hatte die Filmgesellschaft vor dem schwierigen Problem gestanden, den passenden Einspringer zu finden. Mit mir als Rodolfo waren erst einige Minuten im Kasten. Es ist nicht jedermanns Sache, eine Opernrolle zu einem bereits vorliegenden Soundtrack zu spielen. Mein junger italienischer Kollege Luca Canonici erklärte sich dazu bereit und machte es auch ganz phantastisch. Meine Empfindungen am Premierenabend im Kino waren höchst unterschiedlich. Zunächst ist es eine völlig neue und seltsame Sache, wenn man einen fremden Rodolfo sieht und die eigene Stimme hört. So gut mir Luca auch gefiel – ich bedauerte es natürlich, daß es mir nicht vergönnt war, den Film selbst zu machen. Andererseits war ich glücklich, bei dieser Aufführung überhaupt dabeisein zu können – und das wog klarerweise viel schwerer.

Die zweite Wiederberührung ereignete sich am 8. August in der Arena von Verona. Zugunsten meiner Leukämie-Stiftung fand dort ein herrliches Konzert statt, an dem viele meiner Kollegen dankenswerterweise mitwirkten. Obwohl ich nur die Präsentation übernommen hatte und ursprünglich in dieser langen Opernnacht gar nicht selbst singen wollte, konnte ich zuletzt der Verlockung nicht widerstehen. Mit »Granada« meldete ich mich beim Arena-Publikum zurück.

Eine Woche später gab ich in Peralada mein zweites Solokonzert. Dieses Festival nördlich von Barcelona geht auf die Initiative meines Freundes Carlos Caballé zurück und zeichnet sich durch eine besonders angenehme Atmosphäre aus. Unter anderem wird auf einer Freiluftbühne Oper gespielt, gleich neben dem prachtvollen Wasserschloß von Peralada. Die Leute kommen gerne hierher, weil es nicht sehr weit von Barcelona entfernt ist und weil es ganz nahe an der Costa Brava liegt. Den Badeurlaub mit einem Musikfest zu verbinden hat

sicher seinen Reiz. Besonders dann, wenn es ein so außergewöhnliches Ereignis gibt wie am Tag meines Auftritts: Montserrat gab am frühen Abend ein sogenanntes
Straßenkonzert.

Mitten im Dorf wurde ein Klavier aufgestellt, und schon
konnte es losgehen. Auf dem Platz herrschte eine ein-
zigartige Stimmung – jubelnde Dorfbewohner und
Touristen, kreischende Babys, lachende Kinder, bel-
lende Hunde. Die Zuschauer bevölkerten die Straßen
ringsum, saßen auf Dächern, kletterten aus Fenstern,
drängten sich auf den winzigen Balkonen, um Spaniens
populärster Opernsängerin zu lauschen. Als Ehrengäste
befanden sich Königin Sofia, ihre Schwester, Prinzessin
Irene, Exkönigin Annemarie von Griechenland und
Prinzessin Diana, die Frau des britischen Thronfolgers,
unter den Zuhörern. Die Damen gaben eine Stunde
später auch mir die Ehre ihrer Anwesenheit. Mein Konzert vor dem Wasserschloß wurde vom Fernsehen live
übertragen.

Nach diesem stimmungsvollen und erfolgreichen
Abend spannte ich ein paar Tage aus, dann konzentrierte ich mich voll auf den Liederabend in der Wiener
Staatsoper. Die Weichen waren schon im Juni gestellt
worden, zu einem Zeitpunkt, als der Wiener Operndirektor Claus Helmut Drese noch gar nicht wissen
konnte, ob ich je wieder auf einer Bühne stehen werde.
Drese war jedoch mindestens so optimistisch wie ich. Er
schlug vor, das Konzert »Abend mit José Carreras« zu
nennen, und ich stimmte begeistert zu. Am Tag unseres
Gespräches stand ich übrigens noch unter dem Eindruck einer glänzenden Show, die ich am Vorabend gesehen hatte: Michael Jackson war im ausverkauften
Wiener Fußballstadion aufgetreten. Die Veranstaltung

wirkte wie ein Bazillus auf mich. Deutlich spürte ich den Hunger nach der Bühne, nach Publikum, nach Erfolg.

Eines war mir natürlich klar: Beim Wiener Konzert schlägt endgültig die Stunde der Wahrheit, da würde mich das Publikum an meinen bisherigen dort absolvierten Auftritten messen. Es ist schließlich ein gewaltiger Unterschied, ob man bei einem Freiluftkonzert der räumlichen Dimensionen wegen mit Mikrophon singt (so wie es bei meinem Comeback in Barcelona der Fall war), ob man – ebenfalls im Freien – sein erstes Konzert in einem kleinen spanischen Festspielort gibt oder ob man auf der Bühne eines der berühmtesten Opernhäuser der Welt konzertiert.

Meine Vorbereitung auf den Abend in Wien verlief sehr intensiv, sie war auch von einem gewissen Ehrgeiz getragen, denn leichtmachen wollte ich es mir gerade in Wien nicht: Ich stellte mein Programm um und erweiterte es um drei Lieder, die ich noch nie öffentlich gesungen hatte. Es handelte sich um drei Sonette von Francesco Petrarca, die Franz Liszt vertont hat. Sie sollten meine Verneigung vor der Musikstadt Wien und der dort in so intensivem Maß gepflegten und geschätzten Liedkunst sein.

Wien ist für Künstler eine herrliche Stadt. Oper und Theater besitzen sehr großen Stellenwert und können die Öffentlichkeit daher in ungeahnter Weise beschäftigen. Ich vermute, es ist die einzige Stadt der Welt, wo der Operndirektor in regelmäßigen Abständen in den Schlagzeilen der Tageszeitungen auftaucht – wie immer er heißen mag, ob – wie früher Richard Strauss, Karl Böhm, Herbert von Karajan, Lorin Maazel oder – wie 1988 – eben Claus Helmut Drese. Im Laufe der langen Geschichte des Hauses mußten etliche Direktoren vorzeitig abtreten, manche gaben von sich aus auf. Der »Opernskandal«, meist ohnehin nur ein Skandälchen, hat Tradition und gehört zu Wien wie das Salz in die Suppe. Genüßlich zelebrieren ihn Opernanhänger und tragen ihn hinaus auf die Straße. Und dann kann passieren, daß sich plötzlich Leute über die Staatsoper erregen, die in ihrem Leben noch keinen Fuß in das Opernhaus gesetzt haben. Tagesgespräch können aber selbst die harmlosesten Opernzwischenfälle werden – alles findet Eingang in die Zeitungen. Ganz Opern-Wien lachte beispielsweise über eine besonders seltene Panne während einer *Tosca*-Vorstellung im Dezember 1982: Das Erschießungskommando im 3. Akt kam einfach nicht (angeblich saßen die uniformierten Statisten gemütlich in der Kantine, statt auf die Dachterrasse der Engelsburg zu marschieren). Da also die tödlichen Schüsse auf Cavaradossi ausblieben, sah mein Tenorkollege Nicola Martinucci nur noch die Möglichkeit, schleunigst von der Bühne zu verschwinden. Er flüchtete in die Kulisse, seine Tosca, Montserrat Caballé, blieb verdutzt zurück, während das Publikum in schallendes Gelächter ausbrach. Lachsalven statt Gewehrsalven, das hochdramatische Finale der Oper – Montserrat beklagte tapfer den Tod ihres unsichtbaren Geliebten – war in jeder Hinsicht hoffnungslos.

Es kann allerdings auch ernstere Zwischenfälle in und um die Wiener Oper geben: Als Herbert von Karajan 1964 grollend seinen Abgang von der Wiener Bühne ankündigte (damals war sogar das österreichische Parlament tagelang mit der Causa Karajan befaßt), beschmierten Unbekannte in der Nacht Fenster und Wände der Oper mit Pro-Karajan-Parolen. Kaum eine Vorstellung während dieser »heißen Tage« ging ohne Störaktionen über die Bühne.

Wenn das Wiener Opernpublikum einen Künstler einmal ins Herz geschlossen hat, dann geschieht das in schwer zu beschreibender Intensität, dann steht es ihm im Normalfall ein Leben lang zur Seite. Ich durfte das in jenen Septembertagen wieder einmal erleben.

Schon Tage vor dem Konzert montierten meine Fans ein Transparent mit der Aufschrift »Willkommen José« an der Außenfront des Opernhauses, was schon allein deshalb bemerkenswert ist, weil man in Wien für alles eine behördliche Genehmigung braucht. Ich freute mich natürlich sehr, genauso wie mir das Zusammentreffen mit meinen Freunden vom Wiener »José-Carreras-Fanclub« in angenehmer Erinnerung ist. Besonders gerührt hatte mich dabei, daß eine Sprecherin des Clubs eigens einige katalanische Sätze für die Begrüßung gelernt hatte. Ich spürte, wie glücklich sich alle fühlten, weil ich zurückgekommen war.

Die Veranstalter stellte mein Wiener Comeback vor beträchtliche Probleme: Mehr als 20 000 Kartenwünsche lagen vor – bei einem Fassungsvermögen des Hauses von rund 2200 Menschen. Die Direktion beschloß daher, den Zuschauerraum zu »vergrößern«: Man deckte den Orchestergraben zu, wodurch Platz für zusätzliche Sitzreihen gewonnen war, auch auf der Bühne wurden Sessel aufgestellt. So durfte ich für mich einen Rekord in Anspruch nehmen: Noch nie in der Geschichte der Wiener Staatsoper nahmen mehr Menschen an einem künstlerischen Ereignis teil als bei meinem Konzert. Für die Karten hatten sich die Leute über Nacht anstellen müssen.

Als frischgebackenes Ehrenmitglied der Wiener Staatsoper – die Verleihung hatte tags zuvor im Ministerium für Kunst stattgefunden – betrat ich also am Abend des

16. September mit meinem Begleiter Vincenzo Scalera die Bühne. Sie war mit Blumen in spanischen und österreichischen Landesfarben geschmückt, und auf der Brüstung der Loge des österreichischen Bundespräsidenten lag eine Fahne mit den katalanischen Nationalfarben. Auch andere hohe Politiker wie der Kanzler der Republik oder der Bürgermeister von Wien gaben mir an diesem Abend die Ehre. Was mich aber am allermeisten freute: Die Ärzte, die mich in Barcelona und Seattle monatelang behandelt hatten, waren meiner Einladung gefolgt und befanden sich nun ebenfalls unter den Zuschauern der Staatsoper. Doktor Thomas und Doktor Buckner waren aus Seattle angereist, Professor Rozman, Doktor Grañena und Doktor Permañyer aus Barcelona.

Nach einer so langen Zwangspause an einen Ort zurückzukehren, an dem man mehr als hundertmal aufgetreten ist, an dem man große Erfolge gefeiert hat, das ist ein unvergleichliches emotionsgeladenes Erlebnis. Noch dazu, wenn sich ein Publikum so herzlich und zugleich enthusiastisch verhält. Das gewisse Etwas lag in der Luft – jene Stimmung, die nicht genauer beschreibbar oder definierbar ist, die es nur ganz selten gibt in einem Theater. Man fühlt schon nach dem ersten Schritt auf der Bühne, daß sich etwas Außergewöhnliches ereignen wird. Das Publikum spürt es auch, und diese Wechselwirkung ergibt schließlich das, was man einen großen Abend nennt.

Emotionell machten mir die Sekunden meines Auftritts fast mehr zu schaffen als vor dem Arc de Triomf in Barcelona. Das lag wohl auch am vergleichsweise intimen Rahmen des Opernhauses. Im geschlossenen Raum wirkt alles stärker und intensiver.

Ein Aufschrei kam mir aus dem Oval entgegen, mit einer langen stehenden Ovation wurde ich begrüßt. Zu diesem Zeitpunkt ahnte ich noch nicht, daß mein Konzert zeitlich die Ausmaße einer kürzeren Wagner-Oper erreichen würde – mehr als drei Stunden, was für einen Liederabend respektabel ist.

Das Österreichische Fernsehen war live dabei und bewies an diesem Abend, was in Wien alles möglich ist: Zuschauer, die auf Nachrichten und Sportsendungen warteten, mußten sich über eine Stunde in Geduld üben, denn die Übertragung aus der Oper endete statt um 22 Uhr erst um 23.15 Uhr. Man war einfach auf Sendung geblieben, sogar noch während der Zugaben. Selbst als dann die Nachrichtensendung begann, wurden immer wieder Livebilder vom applaudierenden Publikum aus der Oper eingespielt beziehungsweise auf den Platz vor der Oper übertragen, wo Tausende von Menschen trotz naßkalten Wetters das Konzert auf einer riesigen Eidophor-Bildwand von Anfang an miterlebt hatten.

Das Publikum im Haus war einfach hinreißend. Ich bekam diesmal die Begeisterung aus dem Zuschauerraum nicht nur akustisch vermittelt, auch das »Prickeln« aus den Sitzreihen übertrug sich irgendwie auf die Bühne. Dazu kam ja, daß unmittelbar hinter dem Konzertflügel ebenfalls Publikum saß, ich war somit wie in einer Arena vom Publikum umringt. Von einem Publikum, das einen – wie schon angedeutet – nicht mehr loslassen will. Das ist phantastisch, aber auch anstrengend. Ich sang immerhin mehr als zwei Dutzend Lieder, und als das Programm offiziell zu Ende war, wußte ich natürlich, was ich den Menschen im Opernhaus noch schuldig war. Wer könnte angesichts eines solchen Jubels widerstehen? Ich sicher nicht, also folgte Zugabe um Zugabe. »Danke, José, danke!« riefen Leute aus den Logen, ein Blumenregen ergoß sich über die Bühne, an der Rampe herrschte fast schon beängstigendes Gedränge, und plötzlich wurde mitten im Parkett ein Transparent entrollt. Zu den Noten von Edvard Griegs »Ich liebe dich« hatten meine Fans darauf eine »Wiener Version« gemalt: »Wir lieben dich.« Mit diesem Lied, das bei meinem Comeback in Barcelona das erste gewesen war, bedankte ich mich dann auch als letztes – es war die fünfte Zugabe und damit das zweiundzwanzigste Stück an diesem Abend...

Ich war zwar total erschöpft, aber trotzdem wollte ich mich noch unbedingt persönlich bei jenen Leuten bedanken, die den ganzen Abend auf der Straße vor der Riesenbildwand verbracht hatten. Doch es gelang nicht, das kleine für diesen Zweck auf dem Platz errichtete Podium zu erreichen: Obwohl mich kräftige Männer des Opernpersonals abschirmten, war der Druck der anstürmenden Menschen vor dem Bühneneingang so groß, daß man mich vermutlich zerquetscht hätte. Also flohen wir zurück ins Haus, bevor man mich auf den Balkon vor dem Büro des Operndirektors brachte. Von dort konnte ich den Tausenden Wartenden wenigstens noch einmal zuwinken.

Meine persönlichen Gäste, die Ärzte aus Seattle und Barcelona, konnten es nicht recht fassen, was sie da miterlebt hatten. Jeder von ihnen wußte natürlich, wie es normalerweise in einem Opernhaus oder Konzertsaal zugeht, aber so etwas wie in Wien, das war ihnen noch nie untergekommen. Allerdings waren auch meine Schwester Maria Antonia, mein Bruder Alberto und seine Frau Marisa von der Stimmung in Wien mehr als bewegt, obwohl sie im Lauf der Jahre bei vielen außergewöhnlichen Musikereignissen dabeigewesen waren.

Ich war überglücklich, es machte mir nicht einmal etwas aus, daß mich Langschläfer am Morgen nach dem Konzert das Klingeln des Telefons vorzeitig aus dem Bett holte. Das sage ich natürlich nicht nur, weil der Anrufer Herbert von Karajan war, der die Fernsehübertragung gesehen hatte und mir gratulierte...

Meinen Gästen aus Spanien und den USA bot ich dann noch zwei Tage lang das kulinarische Wien: Einmal lud ich sie in den bekannten Weinort Grinzing ein, wo es ein für seine riesigen, nahezu über den Tellerrand hängenden Wiener Schnitzel berühmtes Lokal gibt. Und zur Abrundung führte ich sie in eine legendäre Innenstadt-Konditorei, schließlich ist Wien nicht nur eine Musik-, sondern auch eine Mehlspeis-Metropole.

Das für mich so glückhaft verlaufene Konzert in Wien bedeutete für mein neues Leben einen gewaltigen Ruck nach vorne, denn jetzt durfte ich mit reinem Gewissen zu mir selber sagen: Du bist wieder da. Es heißt, daß Musik auf den Menschen nicht nur angenehme, beruhigende, freudvolle oder sogar beglückende Wirkung ausübt, sondern auch heilsame. Tatsächlich kennen wir Beispiele aus allen Zeiten und Kulturen – vom Medizinmann bei den Indianern, der mit wilden Gesängen versuchte, Krankheiten auszutreiben, bis zum Psychiater unserer Zeit, der ganz gezielt Musiktherapie anwendet. Durch Musikmachen, also Singen, wandte ich diese Therapie bei mir sozusagen doppelt an. Und so wie Lob jeden Menschen aufbaut, so bedeuteten mir die ersten Erfolge nach der Krankheit immens viel und spornten mich entsprechend an. Es ist im Grunde ein ganz simpler Prozeß, der da in einem Menschen vorgeht, und doch zählt er für mich zu den besonders faszinierenden Abläufen unseres Seins. Ich fühlte mich jedenfalls von Tag zu Tag besser.

In den folgenden Wochen war ich Gast in einigen Fernsehshows, wirkte an einem Wohltätigkeitskonzert in Paris mit, konzertierte in Köln, zu Hause in Barcelona (diesmal in »meinem« Theater, dem Liceo) und in München.

In Madrid fand Ende November die Aufzeichnung einer Weihnachts-Fernsehsendung im Rahmen der in Spanien sehr populären Show »Sabado noche« statt – gemeinsam mit Montserrat Caballé sang ich dabei unter anderem in vier Sprachen eine Duett-Version von »Stille Nacht, heilige Nacht«. Am selben Tag traf ich mit unserem Staatschef Felipe González zusammen, der mir erneut seine Bereitschaft zusicherte, sich für meine Leukämie-Stiftung einzusetzen und mitzuhelfen, ein solides finanzielles Fundament zu schaffen. Ich konnte dem Ministerpräsidenten bei dieser Gelegenheit davon berichten, daß in der Zwischenzeit der mit dem Reinerlös meines Comeback-Konzertes vom 21. Juli finanzierte Umbau im Hospital Clinico in Barcelona abgeschlossen wurde. Es handelte sich um die Räumlichkeiten für ambulante Behandlungen in der hämatologischen Abteilung, die nun auf modernstem Stand sind.

Einen ansehnlichen Betrag für die Stiftung durfte ich Anfang Dezember in Paris auf eher ungewöhnlichem Parkett einnehmen: Ich eröffnete einen Haute-Couture-Salon, und beim anschließenden Galadiner im berühmten Restaurant »Le Doyen« war toute Paris versammelt – zum Essen und zum Spenden. Besonders freute ich mich darüber, daß mir der französische Rundfunksender »Europe 1« einen ganzen Sendetag widmete. Vom Interview im morgendlichen Nachrichten-journal über Berichte der Stationen meiner Karriere bis zur Präsentation vieler Schallplatten war ich bis spät in die Nacht hinein für Radiohörer präsent.

Meinen 42. Geburtstag, am 5. Dezember, feierte ich na-türlich zu Hause mit meiner Familie. An einem solchen Tag ist der Blick zurück unvermeidlich, und abermals schien mir das letzte Jahr unendlich weit entfernt zu sein, schien alles wie ein böser Traum, von dem mich viele gute Geister erlöst hatten. Aber zugleich konnten wir über einige Vorkommnisse während der Zeit in Seattle schon wieder lachen. Jemand in der Runde zi-tierte schließlich ein spanisches Sprichwort: »Das Schicksal trägt einige auf seinen Flügeln und schleppt andere hinterher.« Nach vorübergehendem Schleppen hat es mich wirklich auf Flügeln getragen – und dafür danke ich Gott.

Am 9. Dezember fand in Rom ein Konzert statt, auf das ich mich schon Wochen vorher ganz besonders gefreut hatte und das von Meisterregisseur Franco Zeffirelli präsentiert wurde. Im 6500 Menschen fassenden »Sala Nervi« im Vatikan sang ich zum erstenmal öffentlich die Solopartie in »Misa Criolla«, und »Navidad Nuestra« von Ariel Ramirez. Die Kompositionen hatte ich im Sommer 1987 auf Schallplatte aufgenommen, nur we-nige Tage vor Ausbruch der Leukämie…

Am Tag nach dem Konzert gewährte Papst Johannes Paul II. meiner Frau, den Kindern und mir eine Privat-audienz. Es war für uns alle, besonders aber für Alberto und Julia, ein unvergeßliches Erlebnis. Noch vor Weih-nachten ging ich erstmals wieder in ein Plattenstudio: In Budapest nahmen wir meine dritte *Tosca* auf. Nach Montserrat Caballé/Ingvar Wixell unter Colin Davis sowie Katia Ricciarelli/Ruggero Raimondi unter Herbert von Karajan waren nun Eva Marton und Juan Pons meine Partner. Dirigiert hat Tilson Thomas.

Einen Tag vor dem Heiligen Abend führten wir abermals »Misa Criolla« auf – diesmal in Oviedo. Ich gebe zu, daß ich diese wunderschöne argentinische Messe auch aus Dankbarkeit und ein wenig aus sentimentalen Gründen an diesem Tag und an diesem Platz singen wollte. Am 23. Dezember 1987 war ich erstmals vorübergehend aus der Klinik in Seattle entlassen worden.

Nach den Weihnachtsfeiertagen bereitete ich mich auf ein Konzert in Madrid vor, an dem zu Ehren von Felipe González auch meine Kollegen Montserrat Caballé, Victoria de los Angeles, Alfredo Kraus und Juan Pons teilnahmen. Mitte Januar gab ich ein Konzert in der Mailänder Scala, ehe ich im Februar den weltberühmten Wiener Opernball besuchte – Plácido Domingo dirigierte und ich sang – und in München mit Agnes Baltsa *Samson und Dalilah* für die Schallplatte einspielte.

Der Künstleralltag hatte mich also wieder, wenn auch in anderer, neuer Form.

AUSKLANG

Wenn ich mir die Monate nach meiner Heimkehr aus den USA durch den Kopf gehen lasse, dann kommt es mir manchmal vor, als hätte ich innerhalb dieser relativ kurzen Zeit mehr gelernt, mehr wertvolle Erfahrungen gesammelt als in meinem ganzen bisherigen Leben. Eines steht jedenfalls fest: Ich lebe bewußter denn je.

Zu spüren, daß einen die Menschen schätzen oder vielleicht sogar lieben, ist ein wundervolles Gefühl. Schließlich ist die Liebe für uns alle sehr, sehr wesentlich. Wir hungern geradezu nach ihr. Damit meine ich jegliche Art der Liebe: Die Liebe zu den Kindern, die Liebe in der Familie, die Liebe der Freunde oder die intime Liebe mit einem Partner. Sie ist eben eine Grundvoraussetzung für das Gleichgewicht im Leben eines jeden Menschen. Aber nur wer selber liebt, kann auch geliebt werden, davon bin ich überzeugt.

Während meiner Krankheit hat mir die Liebe unendlich viel geholfen. Daß mir Zuneigung von außen jetzt in vermehrtem, intensiverem Maß entgegengebracht wird, kann und will ich nicht nur auf meine Person als Opernsänger fixiert sehen. Ich weiß, daß ich für viele Menschen auch eine Art Symbol für den Kampf gegen Krankheit und Tod geworden bin, daß sich an meinem Schicksal jetzt andere, denen es vielleicht viel schlimmer ergeht, aufrichten. Das hoffe ich zumindest.

Wer den Willen dazu aufbringt, kann an jedem Tag seines Lebens etwas Neues lernen. Auch das trägt dazu bei, daß man im Laufe der Zeit seine Lebenseinstellung geringfügig ändert. Nur ein signifikantes, einschneidendes Ereignis bewirkt mehr – das weiß zwar jeder, aber das begreift man erst, wenn es soweit ist. Ich hatte sehr viel Zeit, um über viele Dinge nachzudenken. Und ich halte beispielsweise den Satz »Das würde ich ja gerne machen, aber ich habe leider keine Zeit« – sofern er nicht ohnehin gelogen ist – für äußerst verhängnisvoll. Was kann es Schöneres geben, als das zu tun, was man gerne macht? Was kann es unmöglich machen, das zu tun?

Bis zu einem gewissen Tag war ich immer der Meinung, ich sei ein glücklicher Mensch. Vielleicht stimmte das, vielleicht auch nicht. Jetzt weiß ich immerhin, daß ich nicht unbedingt das Leben von früher zu führen habe, um glücklich zu sein. Es stimmt zwar, daß ich das Aktivsein brauche, aber ich bin davon überzeugt, nach so vielen Jahren »Vollgas« wird mir ein gemäßigtes Tempo nicht nur guttun, sondern es ist mir einfach ein Bedürfnis. Ich habe schon zu Beginn erwähnt, was sich vor allem für mich geändert hat: Ich messe Dingen, Ereignissen, Begegnungen etc., die ich früher zu gering geschätzt oder sogar ignoriert hatte, größere Bedeutung zu. Und umgekehrt. Manches hat einfach nicht mehr die Sinnhaftigkeit oder den Wert von früher.

Sicher ist nur, daß die wichtigste Tätigkeit in meinem Leben immer das Singen sein wird. Doch selbst da gibt es einen Unterschied zu früher. Er liegt darin, daß ich mich nun nicht mehr abhetzen muß, daß ich den anderen nichts, absolut nichts mehr beweisen muß. Und was fast noch wichtiger ist: Daß ich mir selber nichts mehr beweisen muß. Ich weiß, was ich kann, ich kenne mein Niveau, was will ich noch mehr?

Singen, das habe ich mir fest vorgenommen, muß ab jetzt in erster Linie, ja fast ausschließlich, ein Grund zur Freude sein. Also etwas, das ich für mich selber mache und brauche, nicht für meine Karriere. Und wenn meine Freude zugleich zur Freude für die Zuhörer wird, dann hat auch mein künstlerisches Leben jenen Sinn, den ich mir wünsche.

Liste der Rollendebüts

Norma (Flavio) . . . . 1970 . . . . Barcelona
Nabucco . . . . 1970 . . . . Barcelona
Lucrezia Borgia . . . . 1970 . . . . Barcelona

Maria Stuarda . . . . 1971 . . . . London
I Lombardi . . . . 1971 . . konzertant . . . . . Paris
Lucia di Lammermoor . . . . 1971 . . . . Menorca
La Traviata . . . . 1971 . . . . Prag
Rigoletto . . . . 1971 . . . . Teneriffa
Faust (Siebel) . . . . 1971 . . . . Barcelona
Maruxa . . . . 1971 . . . . Madrid

La Bohème . . . . 1972 . . . . Parma
Luisa Miller . . . . 1972 . . . . Barcelona
Don Carlos . . . . 1972 . . . . Toulouse
Madame Butterfly . . . . 1972 . . . . New York City O.
El Giravolt . . . . 1972 . . . . Barcelona
Mefistofele . . . . 1972 . . . . London
Catarina Cornaro . . . . 1972 . . . . London
I Lombardi . . . . 1972 . . konzertant . . . . . Carnegie Hall, NY
Ballo in Maschera . . . . 1972 . . . . Parma
Adriana Lecouvreur . . . . . . 1972 . . . . Barcelona
La Pietra di Paragone . . . . . 1972 . . konzertant . . . . . Alice Tully Hall, NY

L'Elisir d'Amore . . . . 1973 . . . . Marseille
Tosca . . . . 1973 . . . . New York City O.
Beatrice di Tenda . . . . 1973 . . . . Turin

Il Giuramento . . . . 1974 . . . . Berlin
Missa da Requiem (Verdi) . . . 1974 . . . . Toulouse

Jerusalem . . . . 1975 . . konzertant . . . . . Turin

Don Carlos (5-Akt-Fassung) .1977 . . . . Milano
Roberto Devereux . . . . .1977 . . . . Aix-en-Provence

Rosenkavalier (Tenore) . . . . .1978 . . . . Hamburg
Werther . . . . .1978 . . . . San Francisco
La Forza del Destino . . . . . . .1978 . . . . Milano

Aïda .1979 . . . . Salzburg
Andrea Chénier . . . . .1979 . . . . Barcelona
La Gioconda . . . . .1979 . . . . Genève

La Juive . . . . .1981 . . konzertant . . . . . Wien

Carmen . . . . .1982 . . . . Madrid

Romeo et Juliette . . . . .1983 . . . . Barcelona
Turandot . . . . .1983 . . . . Wien
Il Trovatore . . . . .1983 . . . . London
Herodiade . . . . .1983 . . . . Barcelona

Simone Boccanegra . . . . .1984 . . . . Wien

I Pagliacci . . . . .1986 . . . . Madrid
Poliuto . . . . .1986 . . konzertant . . . . . Wien

DISKOGRAPHIE

Oktober 1972

Rossini, Gioacchino
La pietra del paragone
Der Prüfstein

La marchesina Clarice –
  Beverly Wolff
La baronessa Aspasia –
  Elaine Bonazzi
Donna Fulvia – Anne Elgar
Il conte Asdrubale –
  John Reardon
Giocondo – José Carreras
Macrobio – Andrew Foldi
Pacuvio – Justino Diaz
Fabrizio – Raymond Murcell

The Clarion Concerts
  Orchestra and Chorus
Dirigent: Newell Jenkins
(Vanguard)

August 1973

Verdi, Giuseppe
Un giorno di regno
Einen Tag König

Marquise del Poggio –
  Fiorenza Cossotto

Giulietta – Jessye Norman
Edoardo de Sanval –
  José Carreras
Chevalier Belfiore –
  Ingvar Wixell
Gasparo Antonio della
  Rocca –
  Vincenzo Sardinero
Baron de Kelbar –
  Wladimiro Ganzarolli
Delmonte – William Elvin
Comte Ivrea –
  Ricardo Cassinelli

Ambrosian Singers, Royal
  Philharmonic Orchestra
Dirigent: Lamberto Gardelli
(Philips)

April 1974

Mora-Rafael Martinez Valls,
  Lluis Capdevilai Victor
Cancó d'amor i de guerra
Lieder von Liebe und
  Krieg

Francina –
  Montserrat Caballé
Catrina – Carme Decamp

Eloi – José Carreras
Avi Castellet –
  Vicens Sardinero
Baldiret – Dalmau Gonzalez

Orfeo Gracienc, Orquestra
  Simfonica de Barcelona
Dirigent: Antoni Ros Marba
(Columbia, Spanien)

Juli 1974

Massenet, Jules
Thaïs

Thaïs – Anna Moffo
Athanaël –
  Gabriel Bacquier
Nicias – José Carreras
Palémon – Justino Díaz
Crobyle – Patricia Clark
Myrtale – Antonia Butler
Albine –
  Elizabeth Bainbridge
La Charmeuse –
  Jessica Cash
Diener – Leslie Fyson

The Ambrosian Opera
  Chorus, New Philharmonia
  Orchestra
Dirigent: Julius Rudel
(RLA)

Juli 1975

Rossini, Gioacchino
Elisabetta, regina
  d'Inghilterra
Elisabeth, Königin von
  England

Elisabetta –
  Montserrat Caballé
Leicester – José Carreras
Matilde – Valerie Masterson
Enrico – Rosanne Creffield
Norfolk – Ugo Benelli
Guglielmo – Neil Jenkins

Ambrosian Singers, London
  Symphony Orchestra
Dirigent: Gianfranco Masini

August 1975

Verdi, Giuseppe
Il Corsaro
Der Korsar

Corrado – José Carreras
Giovanni – Clifford Grant
Medora – Jessye Norman
Gulnara –
  Montserrat Caballé
Seid –
  Gian-Piero Mastromei
Selimo – John Noble
Ein schwarzer Eunuch –
  Alexander Oliver

Ambrosian Singers, New
  Philharmonia Orchestra
Dirigent: Lamberto Gardelli

März 1976

José Carreras singt
Verdi, Giuseppe
  La mia letizia infondere
  (I lombardi)
  La vita è inferno – Oh, tu
  che in seno agli angeli
  (La forza del destino)

Oh! fede negar potessi –
Quando le sere al placido
(Luisa Miller)
Forse la soglia attinse –
Ma se m'è forza perderti
(Un ballo in maschera)
L'infamie – O mes amis,
mes frères (Jerusalem)
Mercadante, Saverio
La Dea di tutti i cor –
Bella adorata incognita,
Compiuta è omai – Fu ce-
leste (Il giuramento)
Donizetti, Gaetano
Inosservato – Angelo casto
e bel (Il Duca d'Alba)
Nel fragor della festa –
Alma soave e cara (Maria di
Rohan)
Bellini, Vincenzo
Ecco, signor, la sposa
(Adelson e Salvini)
Ponchielli, Amilcare
Il padre! – Tenda natal (Il
figliuol prodigo)

Royal Philharmonic
Orchestra
Dirigent: Roberto Benzi
(Philips)

Juni 1976

Verdi, Giuseppe
I due Foscari
Die zwei Foscari

Francesco Foscari –
Piero Cappuccilli
Jacopo Foscari –
José Carreras
Lucrezia Contarini –
Katia Ricciarelli

Jacopo Loredano –
Samuel Ramey
Barbarigo – Vincenzo Bello
Pisana – Elizabeth Connell
Diener des Rats der Zehn –
Mieczyslaw Antoniak
Diener des Dogen –
Franz Handlos

Chor und Sinfonieorchester
des ORF
Dirigent: Lamberto Gardelli

Juni 1976

Strauss, Richard
Der Rosenkavalier

Die Feldmarschallin Fürstin
Werdenberg – Evelyn Lear
Oktavian – Frederica von
Stade
Der Baron Ochs von Ler-
chenau – Jules Bastin
Sophie – Ruth Welting
Ein Sänger – José Carreras

Rotterdamer Philharmoniker
Dirigent: Edo de Waart
(Philips)

Juli 1976

Puccini, Giacomo
Tosca

Floria Tosca –
Montserrat Caballé
Mario Cavaradossi –
José Carreras
Scarpia – Ingvar Wixell
Spoletta – Piero De Palma

Cesare Angelotti –
  Samuel Ramey
Sciarrone – William Elvin
Mesner – Domenico Trimarchi
Stimme des Hirten – Ann
  Murray

Chor und Orchester des
  Royal Opera House, Co-
  vent Garden
Dirigent: Colin Davis

Juli 1976

Verdi, Giuseppe
Macbeth

Macbeth – Sherill Milnes
Lady Macbeth – Fiorenzo
  Cossotto
Banquo –
  Ruggero Raimondi
Macduff – José Carreras
Malcolm –
  Giuliano Bernardi
Kammerfrau der Lady
  Macbeth – Maria Borgato
Ein Arzt – Carlo del Bosco
Ein Diener von Macbeth –
  Leslie Fyson
Ein Mörder – John Noble
Ein Herold – Neilson Taylor
Erste Erscheinung –
  Christopher Keyte
Zweite Erscheinung –
  Sara Grossman
Dritte Erscheinung –
  Timothy Sprackling

Ambrosian Opera Chorus,
  New Philharmonia
  Orchestra London
Dirigent: Riccardo Muti
(EMI)

August 1976

Donizetti, Gaetano
Lucia di Lammermoor

Lucia – Montserrat Caballé
Edgardo – José Carreras
Arturo – Claes H. Ahnsjö
Enrico – Vincente Sardinero
Raimondo – Samuel Ramey
Alisa – Ann Murray
Normanno – Vincenzo Bello

Ambrosian Opera Chorus,
  New Philharmonia
  Orchestra
Dirigent: Jesús López
  Cobos
(Philips)

1975—1976

José Carreras singt Opern-
  arien
Verdi, Giuseppe
  Come liberi volano i
  venti... Tutto parea sorri-
  dere (Il corsaro)
  Eccomi prigionero (Il
  corsaro)
Ambrosian Singers, New
  Philharmonia Orchestra
Dirigent: Lamberto Gardelli
  Notte, perpetua notte...
  Non maledirmi (I due
  Foscari)
Sinfonieorchester des ORF
Dirigent: Lamberto Gardelli
Puccini, Giacomo
  E lucevan le stelle
  (Tosca)
Royal Opera House, Covent
  Garden

Dirigent: Colin Davis
Rossini, Gioacchino
  Della cieca fortuna…
  Sposa amata (Elisabetta,
  regina d'Inghilterra)
London Symphony
  Orchestra
Dirigent: Gianfranco Masini
Donizetti, Gaetano
  Tombe degl'avi miei…
  Fra poco a me ricovero
  (Lucia di Lammermoor)
Samuel Ramey, Ambrosian
  Singers, New Philharmonia
  Orchestra
Dirigent: Jesús López Cobos
(Philips)

Januar 1977

Verdi, Giuseppe
Simon Boccanegra

Simon Boccanegra –
  Piero Cappuccilli
Jacopo Fiesco –
  Nicolai Ghiaurov
Paolo Albiani –
  José van Dam
Pietro – Giovanni Foiani
Maria Boccanegra –
  Mirella Freni
Gabriele Adorno –
  José Carreras
Hauptmann der Armbrust-
  schützen –
  Antonio Savastano
Magd Amelias –
  Maria Fausta Gallamini

Coro e Orchestra del Teatro
  alla Scala
Dirigent: Claudio Abbado

August 1977

Puccini, Giacomo
Turandot

Turandot – Montserrat
  Caballé
Altoum – Michel Sénéchal
Timur – Paul Plishka
Kalaf – José Carreras
Liù – Mirella Freni
Ping – Vincente Sardinero
Pang – Remy Corazza
Pong – Ricardo Cassinelli
Ein Mandarin –
  Eduard Tumageanian
Erste Stimme –
  Petranka Malakova
Zweite Stimme –
  Eva Saurova

Maitrîse de la Cathédrale,
  Chœurs de l'Opera du
  Rhin, Orchestre Philhar-
  monique de Strasbourg
Dirigent: Alain Lombard
(EMI)

Oktober 1977

José Carreras canta
  Zarzuela
Vives, A.
  Por el humo… (Dona
  Francisquita)
Soutullo, R., Vert, J.
  Noche de amor, noche
  misteriosa…(El ultimo
  romantico)
Serrano, J.
  Canción húngara (Alma
  de Dios)

Canción guajira (La alegria del batallon)
Cuantas veces solo (Los de Aragon)
Guerrero, J.
Raquel (El huesped del Sevillano)
Chapi, R.
Jota (La Bruja)
Morena Torroba, F.
De este apacible rincón de Madrid (Luisa Fernanda)
Luna, P.
Paxarín, tu que vuelas (La picara molinéra)
Guridi, J.
Romanza (El caserio)
English Chamber Orchestra
Dirigent: Antoni Ros-Marbá
(ZAMBRA)

Januar 1978

Falla, Manuel de
La vida breve
Das kurze Leben

Salud – Teresa Berganza
La Abuela – Alicion Nafé
Paco – José Carreras
Onkel Salvador – Juan Pons

London Symphony
  Orchestra
Dirigent: Garcia Navarro
(DG)

Juni 1978

Verdi, Giuseppe
La battaglia di Legnano
Die Schlacht bei Legnano

Lida – Katia Ricciarelli
Arrigo – José Carreras
Rolando –
  Matteo Manuguerra
Federico – Nicola Ghiuselev
Primo Console –
  Hannes Lichtenberger
Secondo Console –
  Dimitri Kavrakos
Marcovaldo –
  Jonathan Summers
Pdestá (Bürgermeister) –
  Franz Handlos
Imelda – Ann Murray
Herold/Knappe –
  Mieczyslaw Antoniak

Chor und Sinfonieorchester
  des ORF
Dirigent: Lamberto Gardelli
(Philips)

Juli 1978

Verdi, Giuseppe
Un ballo in maschera
Ein Maskenball

Riccardo – José Carreras
Renato – Ingvar Wixell
Amelia – Montserrat Caballé
Ulrica – Patricia Payne
Oscar – Sona Ghazarian
Silvano – Jonathan Summers
Samuel – Robert Lloyd
Tom – Gwynne Howell
Richter – Robin Leggate
Amelias Diener –
  William Elvin

Chor und Orchester des
  Royal Opera House,
  Covent Garden

Leitung: Colin Davis
(Philips)

Juli 1978

José Carreras singt
Lara, Agustín
  Granada
Tosti, Francesco Paolo
  Malia
Bixio, Cesare Andrea
  Parlami d'amore, Mariù
Curtis, Ernesto de
  Non ti scordar die me
  Ti voglio tanto bene
Cardillo, Salvatore
  Core 'ngrato
Brodszky, N.
  Be My Love
Buzzi-Peccia, Arturo
  Lolita
Gastaldon, Stanislao
  Musica proibita
Lehár, Franz
  Das Land des Lächelns –
  Dein ist mein ganzes Herz

English Chamber Orchestra
Dirigent: Roberto Benzi
(Philips)

September 1978

Verdi, Giuseppe
Don Carlos

Philipp II. –
  Nicolai Ghiaurov
Don Carlos – José Carreras
Rodrigo – Piero Cappuccilli
Großinquisitor –
  Ruggero Raimondi

Ein Mönch – José van Dam
Elisabeth de Valois –
  Mirella Freni
Prinzessin Eboli –
  Agnes Baltsa
Tebaldo – Edita Gruberova
Graf von Lerma –
  Horst Nitsche
Ein königlicher Herold –
  Carlo Meletti
Stimme vom Himmel –
  Barbara Hendricks

Chor der Deutschen Oper
  Berlin, Berliner Philhar-
  moniker
Leitung: Herbert von Karajan
(EMI)

September 1978

Rossini, Gioacchino
Otello

Otello – José Carreras
Desdemona – Frederica von
  Stade
Jago – Gianfranco Pastine
Rodrigo –
  Salvatore Fisichella
Emilia – Nucci Condò
Elmiro – Samuel Ramey
Lucio – Keith Lewis
Doge/Gondoliere –
  Alfonso Leoz

Ambrosian Opera Chorus,
  Philharmonia Orchestra
Leitung: Jesús López Cobos
(Philips)

Februar 1979

Puccini, Giacomo
La Bohème

Mimì – Katia Ricciarelli
Rodolfo – José Carreras
Marcello – Ingvar Wixell
Schaunard –
  Håkan Hagegård
Colline – Robert Lloyd
Musetta – Ashley Putnam
Parpignol –
  Francis Egerton
Benoît –
  Giovanni de Angelis
Alcindoro – William Elvin
Sergente – Richard Hazell
Doganiere – David Whelan

Chor und Orchester des
  Royal Opera House,
  Covent Garden
Dirigent: Colin Davis
(Philips)

April 1979

José Carreras singt

Puccini, Giacomo
  Donna non vidi mai
  (Manon Lescaut)
  Nessun dorma (Turandot)
Leoncavallo, Ruggiero
  O mio piccolo tavolo
  (Zazà)
  Recitar! – Vesti la giubba
  (I pagliacci)
  Testa Adorata (La Bo-
  hème)
  Principe! Radu io son –
  Dammi un amore (I zingari)

Giordano, Umberto
  Un dì all'azzurro spazio
  (Andrea Chénier)
Ponchielli, Amilcare
  Cielo e mar (La Gioconda)
Mascagni, Pietro
  Ed anche Beppe amò!
  (L'amico Fritz)
Gomes, Antonio Carlos
  Intenditi con Dio (Fosca)
Cilèa, Francesco
  E la solita storia
  (L'Arlesiana)

London Symphony
  Orchestra
Dirigent: Jesús López
  Cobos
(Philips)

Mai 1979

Verdi, Giuseppe
Aida

Der König – José van Dam
Amneris – Agnes Baltsa
Aida – Mirella Freni
Radames – José Carreras
Amonasro –
  Piero Cappuccilli
Ramphis –
  Ruggero Raimondi
Ein Bote – Thomas Moser
Priesterin – Katia Ricciarelli

Chor der Wiener Staatsoper,
  Wiener Philharmoniker
Dirigent: Herbert von Kara-
  jan
(EMI)

Juni 1979

Verdi, Giuseppe
Stiffelio

Stiffelio (Rodolfo Müller) –
  José Carreras
Lina – Sylvia Sass
Stankar –
  Matteo Manuguerra
Jorg –
  Wladimiro Ganzarolli
Raffaele – Ezio di Cesare
Dorotea – Maria Venuti
Federico – Thomas Moser

Chor und Orchester des
  ORF
Dirigent: Lamberto Gardelli
(Philips)

Juni und August 1979

Mascagni, Pietro
Cavalleria rusticana

Santuzza –
  Montserrat Caballé
Turridu – José Carreras
Alfio – Matteo Manuguerra
Lola – Julia Hamari
Mamma Lucia –
  Astrid Varnay

Leoncavallo, Ruggiero
  I pagliacci
  Der Bajazzo

Canio – José Carreras
Nedda – Renata Scotto
Tonio – Kari Nurmela
Beppe – Ugo Benelli
Silvio – Thomas Allen

Southend Boys' Choir,
  Ambrosian Opera Chorus,
  Philharmonia Orchestra
Dirigent: Riccardo Muti
(EMI)

Oktober 1979

Puccini, Giacomo
Tosca

Floria Tosca – Katia Riccia-
  relli
Mario Cavaradossi –
  José Carreras
Baron Scarpia –
  Ruggero Raimondi
Cesare Angelotti –
  Gottfried Hornik
Spoletta – Heinz Zednik
Der Mesner –
  Fernando Corena
Ein Schließer/Sciarrone –
  Victor von Halem
Ein Hirt – Wolfgang Bünten

Chor der Deutschen Oper
  Berlin, Schöneberger
  Sängerknaben, Berliner
  Philharmoniker
Dirigent: Herbert von
  Karajan
(DG)

Oktober 1979

José Carreras singt
Tosti, Francesco Paolo
  Le serenata
  Segreto
  Marechiare

Vorrei morire
Malia
Chanson de l'adieu
L'ultima canzone
L'alba separa della luce
l'ombra
Aprile
Ideale
Sogno
À Vucchella
Non t'amo più
Good-bye

English Chamber Orchestra
Dirigent: Edoardo Müller

Oktober 1979

Katia Ricciarelli und José
  Carreras singen »Love
  Duets«

Puccini, Giacomo
  Bimba, bimba non pian-
  gere (Madame Butterfly)
Verdi, Giuseppe
  Dove sola m'inoltro?...–
  Per dirupi e per foreste
  (I lombardi)
Donizetti, Gaetano
  Questo pianto favelli...–
  Ah! fuggi da morte (Poliuto)
  Tutto è silenzio (Roberto
  Devereux)

London Symphony
  Orchestra
Dirigent: Lamberto Gardelli
(Philips)

Februar 1980

Massenet, Jules
Werther

Werther – José Carreras
Charlotte –
  Frederica von Stade
Albert – Thomas Allen
Sophie – Isobel Buchanan
Le Bailli (Amtmann) –
  Robert Lloyd
Schmidt – Paul Crook
Johann – Malcolm King
Kätchen –
  Linda Humphries
Brühlmann –
  Donaldson Bell

Orchester des Royal Opera
  House, Covent Garden
Dirigent: Colin Davis
(Philips)

Juli 1980

Verdi, Giuseppe
Il trovatore
Der Troubadour

Leonora –
  Katia Ricciarelli
Manrico – José Carreras
Il Conte di Luna –
  Yuri Masurok
Azucena –
  Stefania Toczyska
Ferrando – Robert Lloyd
Ines – Phyllis Cannan
Ruiz – Robin Leggate
Ein Bote –
  John Treleaven

Ein alter Zigeuner –
  Roderick Earle

Chor und Orchester des
  Royal Opera House,
  Covent Garden
Dirigent: Colin Davis
(Philips)

Juli 1980

José Carreras singt neapolitanische Lieder;
  O sole mio; Santa Lucia
  luntana; Funiculì, funi-
  culà; Torna a Surriento;
  Core 'ngrato u. a.

English Chamber Orchestra
Dirigent: Edoardo Müller
(Philips)

Juli 1980

Berlioz, Hector
Tristia, Op. 18
Lélio, Op. 14b

Tenor – José Carreras
Bariton – Thomas Allen

John Alldis Choir, London
  Symphony Orchestra
Dirigent: Sir Colin Davis
(Philips)

August 1980

Spanische Lieder
von Nin, Halffter, de Falla,
  Toldrá, Abril, Turina

Miguel Zanetti, Klavier
(Endayc)

Oktober 1980

Verdi, Giuseppe
I VESPRI SICILIANI
  Recitativo & aria (Arrigo):
  É di Monforte il cenno –
  Giorno di pianto
RIGOLETTO
  Scena & romanza (Duca):
  Ella mi fu rapita – Parmi
  veder le lagrime
ERNANI
  Recitativo & cavatina
  (Ernani):
  Mercè, diletti amici –
  Come rugiada al cespite
ATTILA
  Scena & romanza
  (Foresto):
  Qui del convegno è il loco
  – Che non avrebbe il mis-
  ero
Donizetti, Gaetano
  Una furtiva lagrima (L'eli-
  sir d'amore)
  Ed ancor la tremenda
  porta non si dischiude – A
  te dirò (Roberto Devereux)
Rossini, Gioacchino
  Cujus animam gementem
  (Stabat mater)
  Non mi lasciare, o speme
  – O muto asil del pianto
  (Guglielmo Tell)

London Philharmonic
  Orchestra
Dirigent: Jesús López
  Cobos
(Philips)

Juli 1981

Offenbach, Jacques
La Périchole

La Périchole – Teresa
  Berganza
Piquillo – José Carreras
Don Andres de Ribeira –
  Gabriel Bacquier
Don Pedro de Hinoyosa –
  Michel Sénéchal
Le Comte Panatellas –
  Michel Trempont
Guadalena –
  Pierrette Delange
Berginella –
  Michele Command
Mastrilla –
  Sonia Nigoghossian
Erster Notar –
  Hugues Brambilla
Zweiter Notar –
  Henry Amiel
Frasquinella –
  Michele Command
Manuelita –
  Pierrette Delange
Der alte Gefangene u.a. –
  André Batisse

Chor und Orchester des
  Capitole de Toulouse
Dirigent: Michel Plasson
(EMI)

September 1981

Debussy, Claude
L'enfant prodigue
Der verlorene Sohn

Lia – Jessye Norman

Azael – José Carreras
Siméon –
  Dietrich Fischer-Dieskau

La Damoiselle Elue
Die auserwählte Jungfrau

La Damoiselle –
  Ileana Cotrubas
Une Récitante –
  Glenda Maurice

Frauenchor des Südfunk-
  chores Stuttgart, Radio-
  Sinfonieorchester Stuttgart
Dirigent: Gary Bertini
(Orfeo)

September 1982

Bizet, Georges
Carmen

Carmen – Agnes Baltsa
Don José – José Carreras
Escamillo – José van Dam
Micaëla – Katia Ricciarelli
Frasquita –
  Christine Barbaux
Mercédès – Jane Berbié
Zuniga – Alexander Malta
Moralès – Mikael Melbye
Le Dancaïre – Gino Quilico
Le Remendado –
  Heinz Zednik
Andrès –
  Michel Marinpouille
Eine Verkäuferin –
  Anne-Marie Tostain
Ein Zigeuner – Alain Pilard

Chor der Opéra de Paris,
  Schöneberger Sängerkna-

ben, Berliner Philhar-
moniker
Dirigent: Herbert von
Karajan
(DG)

März 1983

Puccini, Giacomo
Messa di Gloria

Tenor – José Carreras
Bariton – Hermann Prey

Ambrosian Singers, Phil-
harmonia Orchestra
Dirigent: Claudio Scimone
(Erato)

April 1983

»Ave Maria«
Händel, Georg Friedrich
  Halleluja (Messias)
Franck, César
  Panis angelicus
Stradella, Alessandro
  Pièta, Signore
Álvarez, F. M.
  Pregária
Schubert, Franz
  Heilig, heilig, heilig
  (Deutsche Messe)
Gounod, Charles
  Ave Maria
  Repentir
Bizet, Georges
  Agnus Dei
Verdi, Giuseppe
  Quattro pezzi sacri: Laudi
  alla vergine Maria
Bach, Johann Sebastian

Jesus bleibet meine
Freude (Kantate)

Wiener Sängerknaben,
  Chorus Viennensis,
  Wiener Symphoniker
Dirigent: Uwe Christian
  Harrer
(Philips)

April 1983

Schubert, Franz
  Aus Vier Canzonen, D
  688:
  Nr. 3: Da quel sembiante
  appresi
  Nr. 4: Mio ben ricordati
  Nr. 1: Non t'accostar all-
  'urna
Weyrauch, August
Heinrich von
  Adieu!
Wagner, Richard
  Attente
  Mignonne
  Les deux grenadiers
Liszt, Franz
  Drei Sonette von Fran-
  cesco Petrarca:
  Pace non trovo
  Benedetto sia il giorno
  I'vidi in terra angelici
  costumi

Ronald Schneider, Klavier
(Acanta)

Juli 1983

Rossini, Gioacchino
Petite messe solennelle

Sopran –
  Katia Ricciarelli
Mezzosopran –
  Margarita Zimmermann
Tenor – José Carreras
Baß – Samuel Ramey

Ambrosian Singers,
Craig Sheppard und Paul
  Berkowitz, Klavier
Dirigent: Claudio Scimone
(Philips)

Juli 1983

Sinopoli, Giuseppe
Lou Salomé

José Carreras und
  Lucia Popp singen
  Ausschnitte in deutscher
  Sprache
Radio Symphonieorchester
  Stuttgart
Dirigent: Giuseppe Sinopoli
(Polygram)

August 1983

»You Belong To My Heart«

English Chamber
  Orchestra
Dirigent: Enrique García
  Asensio
(Philips)

August 1983

The Sound of Christmas –
Weihnachten mit Weltstars

José Carreras: White
  Christmas
(CBS)

September 1983

Puccini, Giacomo
Turandot

Turandot – Eva Marton
Altoum –
  Waldemar Kmentt
Timur – John-Paul Bogart
Calaf – José Carreras
Liù –
  Katia Ricciarelli
Ping – Robert Kerns
Pang – Helmut Wildhaber
Pong – Heinz Zednik
Ein Mandarin – Kurt Rydl

Wiener Sängerknaben,
  Chor und Orchester der
  Wiener Staatsoper
Dirigent: Lorin Maazel
(CBS)

Dezember 1983

»Love Is...«
Because you're mine, As
  time goes by, The way we
  were u. a.

Robert Farnon and his Or-
  chestra
(Philips)

Juni 1984

Verdi, Giuseppe
Messa da Requiem

Sopran –
 Anna Tomowa-Sintow
Mezzosopran –
 Agnes Baltsa
Tenor – José Carreras
Baß-Bariton –
 José van Dam

Chor der Nationaloper
 Sofia, Konzertvereinigung
 Wiener Staatsopernchor,
 Wiener Philharmoniker
Dirigent: Herbert von
 Karajan
(DG)

Meyerbeer, Giacomo
 Pays merveilleux… O pa-
 radis (L'Africaine)
Lalo, Édouard Victor An-
 toine
 Puisqu'on ne peut flé-
 chir… Vainement, ma
 bien aimée (Le Roi d'Ys)
Bizet, Georges
 La fleur que tu m'avais je-
 tée (Carmen)

Orchester des Royal Opera
 House, Covent Garden
Dirigent: Jacques Delacôte
(EMI)

Juni 1984

»Französische Opernarien«

Gounod, Charles
 Quel trouble inconnu me
 pénètre… Salut! Demeure
 chaste et pure (Faust)
 L'amour! l'amour! (Roméo
 et Juliette)
 Source délicieuse
 (Polyeucte)
Massenet, Jules
 Ah! Tout est bien fini!…
 O Souverain, ô Juge, ô
 père (Le Cid)
 Ce monde que je vois…
 Ah! qu'il est loin, mon
 pays! (Sappho)
 Ne pouvant réprimer…
 Adieu donc, vains objets
 (Hérodiade)
Halévy, Jacques François
 Fromental
 Rachel! quand du seigneur
 (La Juive)

Juli 1984

Canciones españolas
von Falla, Mompou,
 Ginastera, Guastavino,
 Obradores, Turina

Martin Katz, Klavier
(Philips)

Juli 1984

Donizetti, Gaetano
L'elisir d'amore
Der Liebestrank

Adina –
 Katia Ricciarelli
Nemorino – José Carreras
Belcore – Leo Nucci
Dulcamara –
 Domenico Trimarchi
Giannetta –
 Susanna Rigacci

Chor und Orchester des
  RAI di Torino
Dirigent: Claudio Scimone
(Philips)

Juli 1984

Mi otro perfil
Zehn spanische und katala-
nische Lieder
José Carreras mit Orchester
(Zafiro/Spanien)

September 1984

Bernstein, Leonard
West Side Story

Maria – Kiri Te Kanawa
Tony – José Carreras
Anita – Tatiana Troyanos
Riff – Kurt Ollmann

Dirigent: Leonard Bernstein
(DG)

Canciones románticas
Valencia, Amapola, Moru-
cha, Ay, ay, ay, La Par-
tida, Princesita, El Guitar-
rico, jurame, Estrellita,
Maitechu mia

English Chamber Orchestra
Dirigent: Robin Stapleton
(Philips)

Februar 1985

Merry Christmas
  Stille Nacht, Guten
  Abend, gute Nacht, Ave
  Verum, Ave Maria, Adeste
  Fideles, White Christmas,
  Jingle Bells, Navidad u. a.
(CBS)

April 1985

Més que mai
José Carreras singt zwei
  katalanische Lieder mit
  Núria Feliu
(PDI, Barcelona)

August 1985

Giordano, Umberto
Fedora

Fedora Romazoff –
  Eva Marton
Loris Ipanov –
  José Carreras
Olga Sukarev –
  Veronika Kincses
Giovanni de Siriex –
  János Martin
Gretch – József Gregor
Loreck – József Németh
Desire – István Rozsos
Boroff – Pál Kovács
Cirillo – Kolos Kováts

Hungarian Radio and Tele-
  vision Symphony Or-
  chestra and Chorus
Dirigent: Giuseppe Patané
(CBS)

September 1985

Verdi, Giuseppe
La forza del destino
Die Macht des Schicksals

Il Marchese di Calatrava –
  John Tomlinson
Donna Leonora –
  Rosalind Plowright
Don Carlo di Vargas –
  Renato Bruson
Don Alvaro –
  José Carreras
Preziosilla – Agnes Baltsa
Il Padre Guardiano –
  Paata Burchuladze
Fra Melitone – Juan Pons
Curra – Jean Rigby
Ein Alkalde –
  Richard Van Allan
Maultiertreiber –
  Mark Curtis
Ein Chirurg –
  Petteri Salomaa

Ambrosian Opera Chorus,
  Philharmonia Orchestra
Dirigent: Giuseppe Sinopoli
(DG)

September 1985

Arien in
Film über das Leben des
  spanischen Tenors
  Gayarre

Januar 1986

Rodgers, Richard
South Pacific

Kiri Te Kanawa
Sarah Vaughan
José Carreras
Mandy Patinkin

London Symphony Or-
  chestra
Dirigent: Jonathan Tunick
(CBS)

August 1986

Giordano, Umberto
Andrea Chenier

Andrea Chenier –
  José Carreras
Maddalena di Coigny –
  Eva Marton
Carlo Gerard – Giorgio
  Zancanaro
La Contessa di Coigny –
  Tamara Takács
L'Incredible – Tullio Pane
Roucher – Franco Federici
Pietro Fleville –
  Gábor Vághelyi
Bersi – Klára Takács
L'Abate – István Rozsos
Mathieu – Jízsef Gregor
La Vecchia – Eva Farkas

Hungarian State Orchestra,
  Chorus of the Hungarian
  State Radio and Televi-
  sion, Members of the
  Children's Choir of the
  Hungarian State Opera
Dirigent: Giuseppe Patané
(CBS)

April 1987

Puccini, Giacomo
Madame Butterfly

Cho-Cho-San –
  Mirella Freni
Suzuki – Teresa Berganza
Kate Linkerton – Marianne
  Rørholm
F. B. Linkerton –
  José Carreras
Sharpless – Juan Pons

Ambrosian Opera Chorus,
  Philharmonia Orchestra
Dirigent: Giuseppe Sinopo-
li
(DG)

Mai 1987

Puccini, Giacomo
La Bohéme
(Soundtrack zu Comencini-
  Film)

Mimi – Barbara Hendricks
Rudolf – José Carreras
Marcello – Louis Quilico
Musette –
  Anna Maria Blasi

Orchestre National de
  France, Chor Radio
  France
Dirigent: James Conlon

Mai 1987

Puccini, Giacomo
Manon Lescaut

Manon Lescaut –
  Kiri Te Kanawa
Lescaut – Paolo Coni
Il Cavaliere Des Grieux –
  José Carreras
Geronte di Ravoir –
  Italo Tajo
Edmondo –
  William Matteuzzi
Ein Musiker –
  Margarita Zimmermann
Der Tanzlehrer –
  Piero de Palma
Der Wirt – Ledo Freschi
Sergeant der Bogenschützen
  – Giorgio Tadeo
Ein Laternenanzünder –
  Carlo Gaifa
Ein Schiffskapitän –
  Natale de Carolis

Chor und Orchester des
  Teatro Comunale di
  Bologna
Dirigent: Riccardo
  Chailly
(DECCA)

Mai 1987

Et portare una rosa

José Carreras singt zehn
  katalanische Lieder
(Zafiro/Spanien)

Juli 1987

Ramirez, Ariel
Misa Criolla

Navidad en Verano
Navidad Nuestra

Coral Salvé de Laredo,
  Sociedad Coral de Bilbao
Dirigenten: José Luis Ocejo
  und Damián Sanchez
(Philips)

September 1988

Fauré, Gabriel
  Après un Rêve
Massenet, Jules
  Ouvre tes yeux bleus
Turina, Joaquín
  Los dos miedos
Nacho, Tata
  Tengo nostalgia de ti
  Intima

Liszt, Franz
  I vidi in terra angelici co-
  stumi
  Benedetto sia'l giorno
  Pace non trovo
Puccini, Giacomo
  Sole e amore
  Terra e mare
  Menti all'avviso
Tosti, Francesco P.
  Apri
  Non t'amo più
  A vuchella
  L'ultima canzone
Cardillo, Salvatore
  Core 'ngrato
Falvo, Rodolfo
  Dicitencello vuie

Vincenzo Scalera, Klavier
(Polyphon)

Bildquellennachweis

(Ziffern in Klammern sind Abb.-Nummern)

© El Periódico de Cataluna (1)
© Lecturas/Leuis Bou (2 links)
©action press (2 rechts)
UNESCO/Inez Forber (3)
Axel Zeininger (4)
KURIER/Peter Schaffer (5)
L'OSSERVATORE ROMANO CITTA' DEL VATICANO SERVICIO FOTOGRAFICO ARTURO MARI (6)
European American Productions/Norbert Kössler (11)
European American Productions (12)
© Roberto Masotti (14)
Herbert Hufnagl (16)
© Christina Burton (17)
Carlos Caballé/ Montacchini (18)

S.A.F.R., Ravenna (21)
© FABIAN-SYGMA-ERATO (22)
José Carreras/S.A.F.R., Ravenna (23)
Deutsche Grammophon/ Lauterwasser (24)
Carlos Caballé/A. Bofill (25)
Pressefotografie Norbert Kössler (26)
© Lelli & Masotti (27)
© Lelli & Masotti (29)
© Clive Barda (31)
Donald Southern (32)
SCRIPT/Axel Zeininger (34)
Zoe Dominic (35)
© PALFFY (36)

Alle übrigen Fotos aus Privatbesitz

Register